Renée Holler · Der Geheimbund der Skorpione

TATORT GESCHICHTE

Renée Holler

DER GEHEIMBUND DER SKORPIONE

Illustrationen von Daniel Sohr

Die Deutsche Bibliothek – CIP-Einheitsaufnahme

Holler, Renée:
Der Geheimbund der Skorpione / Renée Holler.
1. Aufl.. – Bindlach : Loewe, 2002
(Tatort Geschichte)
ISBN 3-7855-4230-5

Der Umwelt zuliebe ist dieses Buch auf chlorfrei gebleichtem Papier gedruckt.

ISBN 3-7855-4230-5 – 1. Auflage 2002
© 2002 Loewe Verlag GmbH, Bindlach
Umschlagillustration: Daniel Sohr
Umschlagfoto: Römische Dramenmaske (Stein), 5. Jahrhundert v. Chr.
Musee Bonnat, Bayonne, Frankreich / Bridgeman Art Library
Umschlaggestaltung: Andreas Henze
Redaktion: Kathy Heyer
Herstellung: Heike Piotrowsky
Gesamtherstellung: GGP Media, Pößneck
Printed in Germany

www.loewe-verlag.de

Inhalt

Eine geheimnisvolle Nachricht 11

Die Straße der Schuster 21

Auf heißer Spur 31

Gefährliches Pflaster 41

Rufus hat eine Idee 52

In der Villa gefangen 64

Überraschung im Tabularium 78

Überall Skorpione 88

Die Skorpione schlagen zu 99

Lösungen *110*

Glossar *112*

Zeittafel *116*

Das Leben im römischen Kaiserreich *118*

Rom zur Zeit von Kaiser Augustus *122*

Eine geheimnisvolle Nachricht

„Dass ihr mir ja keine Dummheiten macht, während wir verreist sind", mahnte Petronia ihre Kinder. „Corax, versprich mir, dass du gut auf die beiden aufpasst."

„Da können Sie ganz unbesorgt sein, Herrin", beschwichtigte sie der kräftige, breitschultrige Sklave.

„Ich weiß nicht recht", erwiderte die Mutter und zog ihre Palla enger um die Schultern, „ich habe da so ein ungutes Gefühl. Jedes Mal, wenn euer Vater und ich aufs Land fahren, fürchte ich, dass irgendetwas Schreckliches passieren könnte."

„Liebe Frau", lachte Quintus Fabius Clemens. „Was soll Titus und Fabia schon zustoßen? Deine Sorgen sind völlig unbegründet. Wenn es nach dir ginge, dürften die Kinder ja nicht einmal in die Schule, bei all den Gefahren, die du hinter jeder Ecke siehst."

„Aber du sagst doch immer selbst, wie gefährlich Rom sei und dass man nie wissen könne, welches Gesindel sich in den Straßen herumtreibt."

„Ja, wenn es dunkel ist, ist sicher einiges los, und die Subura ist zu jeder Tageszeit gefährlich. Doch Titus und Fabia schlafen nachts hinter dicken Mauern tief und fest in ihren Betten. Und die Subura dürfen sie ohnehin nicht betreten."

„Trotzdem ...", wandte die Mutter ein.

„Petronia, ich bitte dich, reiß dich zusammen", Quintus Fabius Clemens wurde ungeduldig. Er gab den Sklaven, die mit den Kindern im Stadthaus zurückblieben, letzte Anweisungen.

„Na gut", seufzte die Mutter. „Vermutlich hast du Recht. Was soll schon passieren? Corax und die anderen Sklaven sind ja im Haus. Und natürlich dein Bruder, obwohl der zurzeit etwas außer Gefecht gesetzt ist."

Petronia küsste erst Fabia, dann Titus auf die Stirn. „Mögen die Götter euch beschützen."

„Komm, Petronia", trieb Quintus Fabius seine Frau zur Eile an. „Jetzt ist es wirklich an der Zeit. In zehn bis 14 Tagen sind wir schon wieder zurück."

Der Vater schritt auf die Haustür zu. Dann hielt er kurz inne. „Corax, jetzt fällt mir doch noch etwas ein. Sieh bitte morgen, wenn du die Kinder zur Schule gebracht hast, bei Senator Marcellus vorbei, und sag ihm, dass ich den Fall, den er mir angetragen hat, nach meiner Rückkehr gerne übernehme. – Sind die Pferde angespannt?", fragte der Vater schließlich den Sklaven, der neben der Haustür wartete. „Na, dann kann es ja losgehen."

Kurz darauf stiegen die Eltern in den Karren, der vor dem Haus stand. Die Mutter winkte noch ein letztes Mal, dann holperte das Gefährt die steile Straße hinab in die Dunkelheit der römischen Nacht. Apion, der Türsteher, schloss das Tor und verriegelte es von innen mit einem schweren Holzbalken.

„Mehr als eine Woche ohne Eltern, ist das nicht wunderbar?", jubelte Fabia, sobald der Wagen außer Sichtweite war.

„Nur schade, dass Onkel Primus nicht auch mit ihnen fährt", meinte Titus.

„Ach, Onkel Primus", Fabia winkte ab. „Zum einen ist der wegen seiner Beinverletzung sowieso nicht mobil, zum anderen weißt du ja, wie einfach der sich um den Finger wickeln lässt." Sie klatschte aufgeregt in die Hände. „Wäre es nicht fabelhaft, wenn uns tatsächlich etwas Spannendes passieren würde?"

„Was soll uns schon passieren? Wir stehen jeden Tag vor Morgengrauen auf, gehen mit Corax brav zur Schule und lassen uns von Scribonius schikanieren." Beim Gedanken an den strengen Lehrer schüttelte sich Titus.

„Ich meine das doch ganz anders", erklärte Fabia ihrem Bruder. „Stell dir vor, wir erlebten ein richtiges Abenteuer! So wie die Geschichten, die uns Onkel Primus immer erzählt."

„Aber das sind doch Märchen", stellte Titus sachlich fest. Dann dachte er kurz nach, und seine Augen begannen zu funkeln. „Wäre allerdings nicht übel, wenn mal was los wäre. Genau, das ist es: ein Einbruch in Vaters Büro. Ein Verbrecher will wichtige Akten vernichten und stiehlt sich nachts in unsere Villa. Allerdings hat der Einbrecher nicht mit uns gerechnet, denn wir ertappen ihn auf frischer Tat und überliefern ihn den Ädilen."

„Ja", fantasierte Fabia begeistert weiter, „oder Onkel Primus wird entführt. Wir bekommen eine Nachricht geschickt, dass er, wenn wir nicht sofort 10 000

Sesterze Lösegeld auftreiben, sterben muss. Doch wir spüren das Versteck auf. Unter gefährlichen Umständen schleichen wir uns zu ihm, und selbstverständlich gelingt es uns, Onkel Primus zu befreien. Oder ..."

Doch der nächste Tag war alles andere als aufregend.

„Deine Abenteuer lassen auf sich warten", bemerkte Titus, als die Geschwister im Speisezimmer der Villa auf das Abendessen warteten.

„Dein Einbrecher auch! Aber ich habe eine andere Idee", Fabia beugte sich vor. „Warum legen wir uns nicht zum Essen wie Vater und Mutter auf die Liegen? Die Sklaven werden uns schon nicht verraten."

„Warum eigentlich nicht?" Titus war sofort bei der Sache. „Verstehe ohnehin nicht, warum wir uns wie Sklaven zum Essen auf einen Hocker setzen müssen."

Kurz darauf betrat eine Sklavin, ein volles Tablett in den Händen, den Raum. Erstaunt hielt sie einen Augenblick inne und betrachtete die Geschwister, die sich auf den gepolsterten Ruhelagern räkelten. Dann begann sie, kommentarlos die Speisen zu servieren.

„Hmm, das riecht aber gut, Plotia!" Titus leckte sich über die Lippen. „Was hat uns der Koch denn heute zu bieten?"

„Ein leichtes Abendmahl für die jungen Herrschaften", antwortete die Sklavin, während sie die Gerichte auf dem Tisch zwischen den Liegen ausbreitete. „Oliven, Erbsenmus mit Fisch in Eiersoße, gefolgt von gefüllten Feigen in Honig."

„Oh nein, nicht schon wieder Erbsenmus." Fabia verzog das Gesicht. „Das kann ich nicht ausstehen."

„Ich bin pappsatt", stöhnte Titus eine Stunde später genussvoll. „Wenn ich noch einen Bissen zu mir nehme, platze ich."

„Hast du das gehört?" Fabia setzte sich ruckartig von ihrem Ruhelager auf.

„Was?"

„Ich glaube, da hat jemand an der Haustür geklopft. Wer könnte das denn sein?"

Kurz darauf kam Apion ins Speisezimmer. Er hielt eine Schriftrolle in der Hand.

„Ein versiegeltes Schreiben für euren Vater", erklärte er und blickte die Kinder ratlos an. „Der Herr Primus Fabius schläft bereits. Er hat mir strikte Anweisungen gegeben, ihn unter keinen Umständen zu wecken." Er hielt kurz inne. „Der Bote betonte, dass die Nachricht nur für Herrn Quintus Fabius bestimmt sei. Aber der Herr ist verreist ..."

Titus und Fabia schauten sich unschlüssig an.

„Wir könnten das Schreiben auf Vaters Schreibtisch legen und warten, bis er wieder von seiner Reise zurück ist. Was meinst du, Fabia?"

Fabia überlegte. „Auf keinen Fall. Das kann bis zu zwei Wochen dauern. Falls es sich um etwas Dringendes handelt, muss sofort gehandelt werden. Stell dir nur mal vor, es geht um wichtige Beweise in seinem neuen Fall! Was dann?"

„Onkel Primus weiß sicher, was in einem solchen Fall zu tun ist. Andererseits", Titus kratzte sich nachdenklich an der Schläfe, „wenn wir bis morgen früh warten, ist es vielleicht schon zu spät ..."

„Um das herauszufinden", unterbrach Fabia ihren Bruder, „müssen wir das Schreiben lesen. Gib schon her, Apion. Danke, du kannst wieder gehen."

Fabia untersuchte die Schriftrolle. Auf dem Siegel war kein Eindruck zu erkennen. „Es bleibt uns nichts anderes übrig", meinte sie schließlich, löste sorgfältig das Siegelwachs und rollte den Papyrus auf.

Titus blickte ihr neugierig über die Schulter. „Komische Nachricht", stellte er fest.

Fabia runzelte die Stirn. „Sieht wie eine Fremdsprache aus."

„Dann müssen wir wohl doch bis morgen früh warten."

„Nein, auf keinen Fall!" Fabia wollte nicht so schnell aufgeben. „Was bedeutet eigentlich das A = Z und B = A in der Ecke?"

„Julius Cäsars Geheimschrift", schrie Titus begeistert. „Genau, das muss es sein!"

„Cäsar? Aber der ist doch längst tot!"

„Onkel Primus hat mir erzählt", erklärte Titus, „dass, wenn Julius Cäsar Botschaften verschickte, er diese verschlüsselte. Er wollte sichergehen, dass keine Spione von seinen Plänen erfuhren."

„Und? Hat Onkel Primus dir auch erzählt, wie Cäsar dabei vorging?" Fabia war ganz zappelig.

Titus überlegte. „Wenn ich mich richtig erinnere, ersetzte er einfach bestimmte Buchstaben des Alphabets durch andere Buchstaben."

„Natürlich", kombinierte Fabia aufgeregt. „Wenn A = Z und B = A, dann muss C = B sein. Das ist ja logisch!"

Und die Geschwister begannen, einen Buchstaben nach dem anderen zu entschlüsseln.

ZDTRRDQRSD ZKZQLRSTED –
GZAD VHBGSHFD MZBGQHBGS –
VDMM RHD LDGQ VHRRDM
VNKKDM, CZMM JNLLDM RHD
LNQFDM YTQ 6. SZFDRRSTMCD
ZM CDM AQTMMDM HM CDQ
RSQZRRD CDQ RBGTRSDQ –
GTDSDM RHD RHBG UNQ
RJNQOHNMDM.

A=Z, B=A

? *Wie lautet die Nachricht?*

Die Strasse der Schuster

„Äußerste Alarmstufe." Fabia betrachtete den Text besorgt. „Und ausgerechnet jetzt ist Vater in Bovilae. Was sollen wir nur tun?"

„Wir könnten ihm eine Botschaft schicken."

„Bis die bei ihm ankommt, ist es zu spät. Selbst wenn der Kurier ein schnelles Pferd nimmt, dauert das viel zu lange." Fabia schüttelte energisch den Kopf. „Nein, wir müssen selbst etwas unternehmen."

„Und was?"

„Wir müssen herausfinden, was der Mann will."

„Na klar! Wir gehen zum Brunnen und fragen den Schreiber einfach, worum es sich handelt. Aber ...", Titus hielt inne. „Wie sollen wir das hinkriegen, wenn wir in der Schule sind?"

„Das ist nun kein Problem. Die sechste Tagesstunde ist genau dann, wenn wir Mittagspause haben. Corax holt uns gewöhnlich erst nach der Schule ab, das heißt, wir können auf eigene Faust losziehen."

Der Morgen des nächsten Tages verging wie im Schneckentempo. Immer wieder wanderte Titus'

Blick zur Sonnenuhr auf der gegenüberliegenden Straßenseite. Was wollte der Mann? Und wieso warnte er den Vater vor Skorpionen?

„Titus Fabius!" Die strenge Stimme des Lehrers Scribonius riss ihn aus seinen Gedanken. „Da du dem Unterricht so aufmerksam beiwohnst, weißt du sicher die Antwort auf meine Frage."

„Sk... Sk... Skorpione", stotterte Titus.

Die Klassenkameraden kicherten.

„Du denkst wohl, du bist besonders witzig!" Scribonius zog Titus am Ohr. „Wie oft muss ich es wiederholen: Man soll im Unterricht aufpassen! Zur Strafe schreibst du diesen Satz hundert Mal." Und in seinen Bart murmelte er: „Irgendwann muss ich eine

Markise vor dem Klassenzimmer anbringen lassen, damit die Schüler sich nicht immer von der Straße ablenken lassen."

Endlich, die Mittagspause! Titus und Fabia, die sich sonst immer eine Kleinigkeit in der Taverne nebenan besorgten, ließen heute das Essen ausfallen. Stattdessen hasteten sie in Richtung Forum.

„Und du weißt wirklich, wo die Straße der Schuster liegt?" Fabia musterte ihren Bruder mit einem zweifelnden Blick.

„Ich sage es dir doch, sie zweigt vom Argiletum nach rechts ab."

„Und woher weißt du das so genau?"

„Das ist dort, wo die Buchhandlungen sind. Ich war da vor kurzem mit Vater, um ein neues Exemplar von Vergils Aeneis zu besorgen, und dabei sind mir die Schuhläden aufgefallen."

Die beiden eilten die Tuscusstraße entlang, die am Castor-und-Pollux-Tempel ins Forum Romanum einmündete. Es wimmelte von Menschen, die sich hier trafen, um Neuigkeiten auszutauschen oder den Rednern zu lauschen. Die Geschwister arbeiteten sich vorbei an den Stufen des Gerichtshofes, am Saturntempel und der Rednertribüne, an der besonders viel los war.

„Wenn das so weitergeht, kommen wir nie rechtzeitig zum Treffpunkt." Fabia benutzte ihre Ellbogen, um vorwärts zu kommen.

„Nur gut, dass Kaiser Augustus ein Gesetz erlassen hat, dass tagsüber keine Fahrzeuge durch Roms Straßen fahren dürfen. Stell dir nur vor, wie es wäre, wenn auch noch Pferdefuhrwerke und Eselskarren den Weg versperren würden!"

Endlich erreichten sie die andere Seite des Platzes. Oberhalb des Tabulariums glitzerten die Dächer des Jupitertempels in der Mittagssonne. An der nächsten Ecke bogen sie rechts ins Argiletum ein.

„Dort ist die Buchhandlung, in der ich mit Vater war." Titus deutete atemlos auf einen Laden, in dem Sklaven an niedrigen Tischen saßen. Vor sich hatten sie Papyrusrollen ausgebreitet, auf die sie Texte schrieben. „Jetzt müsste die Straße der Schuster eigentlich gleich kommen."

Und tatsächlich, an der nächsten Abzweigung konnte Fabia den ersten Laden, an dessen Vorderseite fertige Sandalen hingen, sehen. Hier reihte sich eine Schuhmacherwerkstatt an die andere.

„Da, der Brunnen!" Fabia zeigte die Straße hoch.

Ein Wasserstrahl plätscherte von einem Bleirohr in einen Trog. Außer einer jungen Frau, die gerade

einen Tonkrug mit Wasser füllte, war niemand in der Nähe des Brunnens zu sehen.

„Vielleicht ist es ja gar kein Mann, sondern eine Frau." Fabia ging auf die Frau zu. Doch als der Krug voll war, schwang diese ihn, ohne Fabia eines Blickes zu würdigen, auf den Kopf und verschwand in einem nahe gelegenen Hauseingang.

„Fehlanzeige! Vielleicht ist die Person, die wir suchen, noch gar nicht hier."

Die Geschwister setzten sich auf den Brunnenrand. „Oder", argwöhnte Fabia, „wir sind zu spät dran. Stell dir mal vor, man hat kein fließendes Wasser im Haus und muss sich jeden Tropfen vom Brunnen holen!"

„Darüber habe ich mir noch nie Gedanken gemacht. Oder hast du schon jemals einen Patriziersohn mit einem Wasserkrug auf dem Kopf gesehen?"

Die Zeit verging. Außer Frauen und Sklaven näherte sich niemand dem Brunnen.

„Vielleicht ist es der falsche Brunnen?"

„Nein." Titus schüttelte den Kopf. „Bestimmt nicht. Oder siehst du einen anderen? Aber ich habe eine Idee: Siehst du die Bäckerei da drüben?"

„Ja. Sag bloß, du kannst jetzt ans Essen denken?"

„Das auch, ja. Doch im Ernst, vielleicht hat der Bäcker jemanden gesehen. Wir könnten ihn fragen."

„Gute Idee, und gleichzeitig kaufen wir uns ein Stück Kuchen."

„Und wer denkt jetzt ans Essen?"

Die Geschwister überquerten die Straße und betraten die Bäckerei.

„Zwei Stück von dem Honigkuchen, bitte."

Der Bäcker reichte ihnen das Gebäck. „Drei Asse."

Titus kramte in dem Beutel, der an seinem Gürtel hing, und legte die Kupfermünzen auf die Theke. „Ach ja", erkundigte er sich ganz nebenbei. „Haben Sie zufällig einen Mann am Brunnen gesehen?"

„Ja, oder eine Frau", fiel ihm Fabia ins Wort. „Wir waren zur sechsten Stunde dort verabredet, aber niemand ist gekommen."

„Wenn ihr denkt, ich hätte nichts Besseres zu tun, als zu beobachten, was sich auf der Straße abspielt, dann täuscht ihr euch gewaltig", brummte der Bäcker unfreundlich. „Verschwindet, und zwar schnell!"

„Na, das war ja nicht besonders aufschlussreich", meinte Titus enttäuscht, als sie wieder auf der Straße standen. „Wenigstens schmeckt der Honigkuchen."

„Pssst!", hörten sie da jemanden flüstern. „Kommt hier um die Ecke! Ja, ihr beiden!"

Neben der Bäckerei, wo eine schmale Gasse den Hügel hinaufführte, stand ein Mädchen, das sie näher winkte. Die Geschwister folgten ihr.

„Ich habe gehört, dass ihr meinen Vater nach einem Mann am Brunnen gefragt habt. Vielleicht kann ich euch weiterhelfen."

„Hast du den Mann etwa gesehen?"

„Also, vor einer Weile, kurz bevor ihr gekommen seid, stand hier ein Mann. Er sah ziemlich nervös aus und blickte immer wieder um sich. Fast so, als hätte er vor irgendetwas Angst. Na, jedenfalls kam da eine Sänfte die Straße entlang. Ich dachte mir erst nichts weiter, hier kommen öfters Sänften vorbei. Und dann passierte alles blitzschnell. Zwei riesige Männer, die wie Gladiatoren aussahen, packten den Mann. Er wehrte sich, hatte aber gegen die beiden Kolosse keine Chance. Sie zogen ihn in die Sänfte, und Träger und Gladiatoren waren, so schnell sie gekommen sind, auch wieder verschwunden."

Fabia starrte das Mädchen mit offenem Mund an.

„Hast du erkennen können, wer in der Sänfte saß?", fragte Titus.

„Nein, die Vorhänge waren zugezogen. Es war eine ganz gewöhnliche Sänfte. Das heißt …" Sie dachte nach. „Der Vorhang war mit kleinen Tieren bestickt. Jetzt fällt mir der Name nicht mehr ein. Wie heißen die nur? Giftige Tiere mit einem Stachel am Schwanz."

„Skorpione?", schlug Titus vor.

„Genau!" Sie nickte aufgeregt. „Ach ja, und kurz bevor die Sänfte ankam, kritzelte der Mann etwas auf die Mauer hinter dem Brunnen."

„Ämilia!", rief da die strenge Stimme des Bäckers. „Wo bist du denn schon wieder? Komm sofort her! Ich brauche dich im Laden."

„Ich muss gehen", sagte das Mädchen leise und sauste eilig um die Ecke zurück in die Bäckerei.

Fabia ging auf die Mauer zu. „Hier steht aber viel. Warum die Leute auch immer alle Wände voll schmieren müssen. Komm, hilf mir suchen! Vielleicht hat der Mann ja eine Nachricht hinterlassen."

Und die beiden Detektive begannen, die Wandkritzeleien genauer zu untersuchen.

? *Welche der Wandkritzeleien ist die des Mannes?*

Auf heisser Spur

„In die Subura? Nein, Titus, auf gar keinen Fall", widersprach Fabia ihrem Bruder, als sie später im Garten der Villa beredeten, wie es weitergehen sollte. „Selbst wenn man einem Überfall entgeht, besteht immer noch die Gefahr, dass man sich in den verwinkelten Gassen zwischen den Mietshäusern verirrt und niemals wieder herausfindet."

„Mit Corax als Leibwächter würde uns nichts passieren."

„Nein." Fabia blieb hart. „Außerdem", gab sie zu bedenken, „wer sagt denn, dass dieser Giton wirklich etwas weiß? Ich finde, wir sollten lieber den Boten finden, der das Schreiben überbracht hat. Vielleicht kann der uns weiterhelfen."

„Gute Idee. Und wie willst du vorgehen?"

„Na, wir fragen Apion."

„Auf was warten wir dann noch?"

Die beiden stürmten durch das Atrium zum Eingang des Hauses. Apion hockte auf einem Schemel neben dem Tor und döste vor sich hin.

„Apion!", rief Fabia. „Du musst uns helfen!"

Der Mann schoss verwirrt hoch. Sein Hocker

krachte polternd zu Boden. Blitzschnell zog er seinen Dolch und schwenkte ihn drohend in der Luft.

„Was, wo?", schrie er und fuchtelte wild um sich.

„Ist schon gut, Apion", beruhigte ihn Titus. „Wir wollen dich nur etwas fragen."

„Na, ihr habt mich aber erschreckt. Ich dachte schon, ein Einbrecher sei im Haus." Er schob seinen Dolch zurück in die Scheide. „Und was wünscht ihr?"

„Gestern Abend kam doch das Schreiben für unseren Vater an", erklärte Titus. „Wir wollen wissen, ob du dich an den Boten erinnern kannst. Wer war es? Wie sah er aus?"

„Es war dieser Junge von den Thermen."

„Welcher Junge?"

„Ein Junge, der sich immer im Agrippa-Bad herumtreibt. Er erledigt alle möglichen Botengänge und Besorgungen für die Badegäste oder bewacht auch manchmal die Fächer im Umkleideraum."

„Kannst du ihn genauer beschreiben?"

„Er ist etwa so alt wie du, junger Herr Titus. Schaut ziemlich mager aus und hat abstehende Ohren. Ach ja, seine Haare sind feuerrot."

„Danke, Apion", strahlte Fabia, während sie aufgeregt von einem Bein aufs andere hüpfte. „Mit dieser Beschreibung können wir ihn sicher finden."

„Werde *ich* ihn sicher finden." Titus grinste. „Es sei denn, du bestehst darauf, mit ins Männerbad zu kommen."

„Das ist nicht fair", beschwerte sich Fabia. „Aber du hast Recht. Er wird sich wohl kaum im Frauenbad herumtreiben."

Die heiße Luft, die Titus am Eingang des Dampfbades entgegenschlug, raubte ihm fast den Atem.

„Eine Hitze wie im Backofen", keuchte er und wischte sich die Schweißperlen von der Stirn. Vor lauter Dampf konnte er zunächst gar nichts sehen. Erst als er seine Augen so richtig anstrengte, gelang es ihm, die Umrisse mehrerer Gestalten wahrzunehmen: Marmorstatuen in den Nischen und Männer, die sich behaglich auf den Steinbänken am Rande des Raumes entspannten.

„Kannst du hier einen rothaarigen Jungen sehen, Corax?"

Der Sklave schüttelte den Kopf. „Vielleicht im Caldarium", vermutete er.

Die beiden traten durch eine Tür in den nächsten Raum.

„Wenigstens kann man hier die Leute deutlich erkennen", murmelte Titus und sah sich um. Obwohl es immer noch heiß war, schienen die Temperaturen hier erträglicher zu sein. Durch die Oberlichter in der Kuppel fiel helles Licht, das sich im runden Wasserbecken spiegelte. Überall rieben geschäftige Sklaven ihre Herren mit Öl ein oder schabten Schweiß und Schmutz mit dem Strigil von deren Körper ab.

„Dort!" Corax packte Titus an der Schulter. Er deutete auf die Tür, die ins Tepidarium führte. Titus sah gerade noch einen roten Haarschopf verschwinden. Sofort nahm er die Verfolgung auf.

„Wenn das nicht der junge Titus Fabius ist", verkündete in diesem Moment eine laute Stimme.

Titus drehte sich um. Im Warmwasserbecken unter ihm lehnte Senator Marcellus lässig am Beckenrand. „Der Sohn des berühmten Anwalts Quintus Fabius Clemens", erklärte er einem dicken Mann, der neben ihm im Wasser plätscherte.

Titus wollte weitergehen. Er durfte den rothaarigen Jungen auf keinen Fall verlieren.

„Nicht so eilig, junger Mann", lächelte der Senator. „Lass mich dich einem Freund von mir vorstellen, dem ehrenwerten Quästor Marius Jucundus."

Titus begrüßte den Mann, der ihm freundlich zunickte. Jetzt nur nicht in eine Unterhaltung verwickelt werden, dachte er.

„Wir sprechen gerade über unsere Kolonien in Germanien", fuhr der Senator fort. „Ist dein Onkel eigentlich immer noch dort stationiert?"

„Onkel Primus? Ja, das heißt nein. Er hat sich in einer Schlacht verletzt und ist deswegen auf Heimaturlaub in Rom. Sobald seine Wunde verheilt ist, wird er wieder in den Norden ziehen. Er ist Offizier in einer der Legionen, die Varus unterstehen."

„Na, welch ein Zufall!" Die kleinen Schweinsäuglein des Quästors leuchteten auf. „Ich bin zuständig für den Sold von Varus' Truppen, der nächste Woche hochgeschickt werden soll." Er wandte sich an den Senator. „Wie immer unter strenger Aufsicht, versteht sich. Man kann ja heutzutage nie sicher genug gehen. Auch wenn wir die besten Straßenbauer der Welt sind, so wimmelt es auf diesen Straßen nur so von gefährlichen Räubern und Banditen."

Senator Marcellus nickte zustimmend. „Werden die Gehälter der Legionen eigentlich immer noch zusammen mit dem Staatsschatz im Saturntempel aufbewahrt?"

„Normalerweise schon. Hier handelt es sich jedoch um eine Ausnahme. Wir lagern das Geld im Portunustempel am Forum Boarium."

„Und wieso das? Im Tempel am Viehmarkt?"

„Der Saturntempel wird gerade renoviert. Erst kürzlich hat es dort gebrannt. Außerdem liegt der Portunustempel äußerst günstig in der Nähe des Tiberhafens. Da das Geld die erste Strecke der Reise auf dem Wasser zurücklegt, ist es praktischer, es vom Viehmarkt aus in einen Lastkahn umzulagern."

Titus trat von einem Bein aufs andere. Ihn langweilte die Unterhaltung der beiden Männer. Ungeduldig blickte er im Raum umher. Der Junge war nirgends zu sehen. So ein Mist, jetzt hatte er ihn doch verloren. Schließlich gelang es ihm, sich loszueisen.

„Komm, Corax", flüsterte er dem Sklaven zu. „Vielleicht ist er ja im Kaltwasserbecken."

Und tatsächlich, in der Halle nebenan konnte Titus einen roten Haarschopf unter dem Wasser erkennen. Blitzschnell sprang er ins eiskalte Becken und wartete, bis der Junge neben ihm auftauchte.

„Hallo?" Er tippte ihm auf die Schulter. Die Person drehte sich langsam um und wischte sich die nassen Haare aus dem Gesicht.

„Ja?"

Titus schnappte nach Luft. Der Taucher war gar kein Junge, sondern ein Mann mit rotem Bart.

„Entschuldigung", murmelte Titus verlegen und stieg triefend aus dem Becken. Er wickelte sich in sein Handtuch und ging enttäuscht zurück in den Umkleideraum.

„Wenn du vorhast, irgendetwas zu klauen, dann bist du an der falschen Stelle", sagte da eine forsche, helle Stimme. „Ich bin hier die Aufsicht."

Titus drehte sich erstaunt um. Auf dem Boden in der Ecke hockte ein Junge mit struppigen feuerroten Haaren und unzähligen Sommersprossen.

„Ich glaube", bemerkte Titus, „du bist genau der, den ich suche: Rufus?"

„Und was ist, wenn ich der bin?" Der Junge schaute ihn herausfordernd an.

„Ich bin Titus Fabius", stellte sich Titus vor. „Hast du vorgestern Abend eine Botschaft auf den Quirinal-Hügel gebracht?"

„Nein. Das weiß ich genau. Das war am Montag. Da musste ich meiner Mutter helfen und hatte ganz bestimmt keine Zeit, Botengänge zu erledigen oder durchs nächtliche Rom zu spazieren", antwortete der Junge schlagfertig.

„Bist du dir da ganz sicher?"

„Hundertprozentig. Ich weiß doch nicht mal, wo Quintus Fabius Clemens wohnt. Wie kann ich ihm da ein Schreiben überbringen? Muss wohl ein anderer Botenjunge gewesen sein."

Da hat sich Apion wohl doch geirrt, dachte Titus enttäuscht. Dann begann er zu überlegen.

„Nein", erwiderte er. „Du lügst! Du warst Montagabend dort."

Der Junge schüttelte heftig den Kopf. „Ich schwöre dir bei Jupiter, dass ich die Wahrheit sage. Ich war am Montag nicht auf dem Quirinal. Wenn du mir nicht glaubst, kannst du meine Mutter fragen."

Doch Titus wusste genau, dass Rufus log.

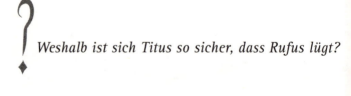

Weshalb ist sich Titus so sicher, dass Rufus lügt?

Gefährliches Pflaster

Onkel Primus saß im Schatten der Arkaden auf einem Korbstuhl, das verletzte Bein auf einem Hocker vor sich ausgestreckt. Er war so sehr in die Lektüre einer Buchrolle vertieft, dass er Fabia zunächst nicht bemerkte. Erst als sie sich deutlich räusperte, blickte Onkel Primus auf.

„Ah, meine Lieblingsnichte kommt ihren armen, kranken Onkel besuchen", sagte er schmunzelnd.

„Wie geht es deinem Bein?", erkundigte sich Fabia. „Tut es immer noch weh?"

„Danke der Nachfrage. Es ist schon viel besser. Der Doktor sagt, der Knochen würde gut heilen. Allerdings meint er, es würde noch eine Weile dauern, bis ich wieder richtig laufen kann."

„Ich wollte dich etwas fragen, Onkel", kam Fabia gleich zur Sache. „Sind dir auf deinen Reisen je Skorpione begegnet?"

„Skorpione? Hast du noch nie welche gesehen?"

„Doch, letztes Jahr entdeckte Titus einen winzigen Skorpion unter einem Stein. Aber der krabbelte ganz schnell davon. Sind sie gefährlich?"

„Nein." Onkel Primus lachte. „Die fürchten sich vor uns. Nur in Afrika gibt es Riesenskorpione, die auch für Menschen tödlich sein können. Ich kann mich noch gut erinnern, wie es war, als einer meiner Soldaten dort von einem Skorpion gestochen wurde. Der Mann bekam hohes Fieber und lag wochenlang im Delirium. Diesen Tieren geht man besser aus dem Weg."

„Hüte dich vor Skorpionen", murmelte Fabia leise.

„Kennst du die Geschichte von Orion?"

Fabia schüttelte den Kopf.

„In manchen Gegenden Griechenlands erzählt man sich, dass Orion, ein Sterblicher, einst in Liebe zu einer Göttin entbrannt war. Die Jagdgöttin Artemis konnte dies nicht ertragen und schickte ihm aus Rache einen Skorpion. Das Tier stach zu und tötete Orion mit seinem giftigen Stachel. Zeus, der Gott, den wir Jupiter nennen, hatte Mitleid mit ihm und warf Orion und den Skorpion als Sternbilder in den Himmel, wo sie heute noch zu sehen sind." Der Onkel gähnte. „Der Kräutertee, den mir der Doktor gegen die Schmerzen verschrieben hat, macht mich schrecklich müde. Wo waren wir stehen geblieben? Ach ja, bei den Skorpionen. Da gibt es auch noch die ägyptische Göttin Isis. Manche Leute glauben, sie würde sich mit sieben Skorpionen vor dem Gott Seth, der ihren Bruder ermordete, schützen ..."

Onkel Primus' Stimme wurde immer schleppender, seine Augen fielen zu. Sorgfältig deckte Fabia ihn zu und schlich auf Zehenspitzen zurück in ihr Zimmer.

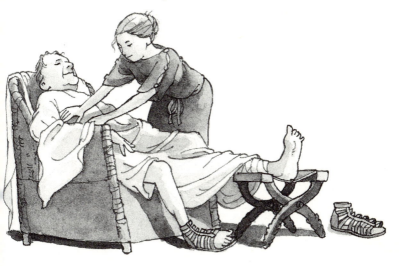

„Das ist Rufus", stellte Titus den Botenjungen seiner Schwester vor, als er nach seinem Besuch im Bad wieder nach Hause zurückgekehrt war.

„Und?" Fabia schaute den rothaarigen Jungen erwartungsvoll an. „Wer war der Mann, der dir die Botschaft gegeben hat?"

Rufus zuckte mit den Schultern. „Keine Ahnung. Habe ihn noch nie vorher gesehen."

„Wie – das ist alles?" Sie musterte die beiden Jungen enttäuscht.

„Ein bisschen weiter sind wir schon gekommen. Rufus wohnt nämlich in der Subura", verkündete Titus. „Er weiß, wo das Mietshaus des Antonius steht!"

„Willst du etwa in die Subura gehen?"

„Bleibt uns doch gar nichts anderes übrig."

„Vielleicht hast du Recht", überlegte Fabia. „Obwohl ich diesen Plan für verrückt halte. Und du", wandte sie sich an Rufus, „kennst dich dort aus?"

„Klar doch. Die Insula, die ihr sucht, liegt ganz in der Nähe von dem Haus, in dem ich wohne."

„Na, auf was warten wir dann noch? Lasst uns losziehen." Fabias Abenteuerlust siegte.

Corax räusperte sich. „Euer Herr Vater hat mir strikt verboten, mit euch in die Subura zu gehen."

„Vater ist meilenweit entfernt in Bovilae. Der muss es doch gar nicht erfahren. Außerdem liegt es ja in seinem Interesse, dass wir mehr über diese Angelegenheit herausfinden."

„Ist dieser Koloss eigentlich immer bei euch?" Rufus musterte den Sklaven, dem eine hässliche Narbe quer über die Wange lief, misstrauisch.

Titus nickte. „Ja, das ist Corax. Und du, hast du keine Sklaven?"

„Ich?" Rufus lachte. „Meinst du das im Ernst? Was denkst du eigentlich, wie viel Sklaven kosten? Das können wir uns nicht leisten. Euer Corax wird sich aber sicher als nützlich erweisen. Es kann nie schaden, einen Leibwächter zu haben. Besonders in der Subura."

„Vorsicht!" Rufus packte Fabia am Arm und zog sie in einen Hauseingang. Mit lautem Krachen landete ein Blumentopf auf dem Straßenpflaster, genau an der Stelle, von der sie nur kurz zuvor die Hochhäuser bestaunt hatte. Wie versteinert starrte Fabia auf den Scherbenhaufen.

„Das ist ja gerade noch mal gut gegangen." Titus atmete erleichtert auf.

„Passiert öfters hier", erklärte Rufus den Geschwistern. „Doch besser ein Blumentopf als ein voller Nachttopf."

Sie folgten Rufus in eine schmale Gasse, die zwischen zwei hohen Mietshäusern entlangführte.

„Eine Abkürzung", grinste der Botenjunge, als er die ängstlichen Blicke der Geschwister sah. Er bog nach links ab und führte sie einige Stufen hoch durch einen schmalen Durchgang, bis er schließlich vor einem Trümmerhaufen stehen blieb. „Da müssen wir drüber."

„Was ist denn hier passiert?", schnaufte Titus, der sich dicht an Rufus' Fersen heftete.

„Hier stand vor einigen Wochen noch ein Haus. Ist eingestürzt."

„Herabfallende Blumentöpfe, Nachttöpfe, einstürzende Häuser. Sonst noch etwas?" Fabia schaute Rufus fragend an.

„Ja, ab und zu brennt ein Haus auch nieder. Wenn Mieter heimlich in ihrer Wohnung kochen."

„Und wieso sollen die Leute denn nicht kochen?"

„Wegen der Brandgefahr ist es verboten, in den Wohnungen Feuer zu machen. Deswegen gibt es hier ja so viele Tavernen und Imbissstuben. Wer hungrig ist, kauft sich einfach einen Teller Linsensuppe mit Brot und isst sie am Straßenrand."

Auf der anderen Seite der Ruine stießen die Detektive auf eine breitere Straße mit zahlreichen Läden.

„Dort." Rufus deutete auf ein Mietshaus. „Das Haus des Antonius."

Titus blickte die Hauswand hoch. „Jetzt müssen wir nur noch herausfinden, in welchem der sechs Stockwerke der Mann wohnt."

„Brauchen wir nicht." Fabia ging zielstrebig auf eine der Werkstätten zu, die sich im Parterre zur Straße hin öffneten. „Siehst du die Marmorblöcke vor dem Laden? Giton ist doch Steinmetz!"

Vor lauter Statuen konnten sie den Mann, der gerade dabei war, einen Steinblock mit Hammer und Meißel zu bearbeiten, zuerst nicht sehen. Fabia stieg vorsichtig über die winzigen Steinsplitter, die auf dem Boden lagen. Der Steinmetz blickte auf.

„Bin beschäftigt", knurrte er und rieb sich den Schweiß von der Stirn.

„Sind Sie Giton?"

Der Mann nickte. „Wer will das wissen?"

„Was wissen Sie über Skorpione?", fiel Titus gleich mit der Tür ins Haus.

47

Der Mann ließ den Hammer auf den Boden fallen und starrte seine Besucher mit weit aufgerissenen Augen an.

„Skorpione? Ich habe noch nie etwas von Skorpionen gehört."

Corax, der hinter Titus stand, verschränkte seine Arme und musterte den Mann mit einem grimmigen Blick.

„Mein Sklave ist übrigens ein ehemaliger Gladiator, er ist berühmt für seine Kampfeslust."

„Ach ja?" Die Hand des Steinmetz zitterte, als er seinen Hammer vom Boden aufhob.

„Wissen Sie immer noch nichts über Skorpione?"

Der Mann überlegte. Sein Blick schwankte zwi-

schen Corax und Titus hin und her. „Wenn ich so
recht überlege, dann weiß ich vielleicht doch etwas."

„Na, dann schießen Sie mal los."

„Vor einigen Wochen arbeitete ich in der Villa einer gewissen Calpurnia Felix, einer reichen Witwe,
die am Palatin wohnt. Ich fertigte eine Statue für ihr
Speisezimmer an. Statilius, ein Maler, hat zufällig
zur gleichen Zeit auch dort gearbeitet. Calpurnia Felix wollte an den Wänden ihrer Bibliothek neue Fresken und stellte ihn ein. Eines Tages erzählte Statilius
mir, dass er während der Arbeit etwas äußerst Wich-
tiges herausgefunden habe."

„Und, was war das?", fragte Titus neugierig.

„Wenn ich das nur wüsste!" Der Steinmetz zuckte
mit den Schultern. „Alles, was er mir verriet, war,
dass eine gefährliche Verbrecherbande, die sich
‚Skorpione' nennt, angeblich einen Riesencoup plant.
Er hatte Angst und wollte einen Anwalt einschalten.
Und dann ist er plötzlich spurlos verschwunden. Ach
ja, er hat mir vorher noch dies hier gegeben." Giton
lockerte einen Stein in der Wand und zog ein zu-
sammengefaltetes Papier aus dem Loch hervor.

Die Detektive studierten das Dokument.

„Sieht wie der Plan eines riesigen Hauses aus",
stellte Fabia fest.

„Ja", erwiderte der Steinmetz. „Es ist der Plan von Calpurnias Villa."

„Vielleicht wollte Statilius markieren, wo er seine Entdeckung gemacht hat", überlegte Rufus.

„Es war in der Bibliothek. Das weiß ich noch."

„Und wo ist die Bibliothek auf dem Plan?"

Der Mann betrachtete die Zeichnung und runzelte die Stirn. „Keine Ahnung. Ich kann euch die Lage nur beschreiben. Wenn man das Haus durch den Haupteingang betritt, muss man die dritte Tür rechts nehmen. Ein kleines Durchgangszimmer führt in einen winzigen Säulenhof. Dort biegt man nach links ab, geht durch einen schmalen Korridor, bis man zum Peristyl kommt. Durch die erste Tür rechts gelangt man von dort in einen Gang, der nach links durchs Sklavenquartier führt. Nach der Küche, das ist die vierte Tür, biegt man rechts in einen Raum ein. Wenn man dieses Zimmer wieder durch die zweite Tür verlässt, gelangt man in einen Raum, der rechts auf einen langen Korridor hinausführt. Dort sind sechs Türen. Die Bibliothek befindet sich hinter der fünften Tür von rechts."

Fabia verfolgte die Hinweise Gitons auf dem Plan.

„Ich weiß, wo die Bibliothek liegt", verkündete sie und deutete auf den Plan.

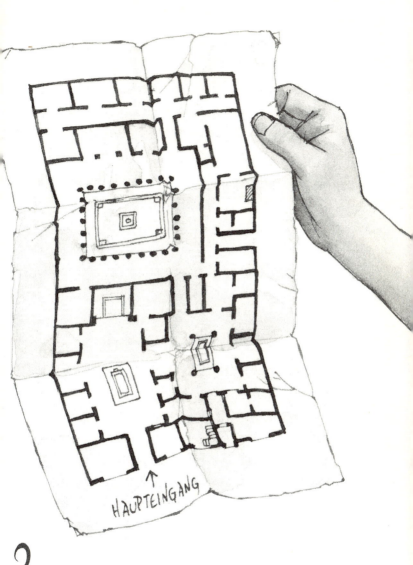

? *Welcher Raum ist die Bibliothek der Calpurnia Felix?*

Rufus hat eine Idee

„Die nächste Runde gewinne ich!" Titus türmte vier Nüsse zu einem Haufen, kniete sich an die Abschusslinie und zielte mit einer fünften Nuss Richtung Nussturm.

„Das gibt es doch nicht! Schon wieder daneben. Was ist denn heute nur los mit mir?"

„Dir spuken vermutlich Skorpione im Kopf herum", meinte Fabia, während sie ihre Nuss auf den Turm zuschnippte. „Volltreffer!"

Titus ignorierte seine jubelnde Schwester. „Ja", erwiderte er nachdenklich. „Die Skorpione und die Bibliothek in der Villa am Palatin. Ich möchte nur wissen, was Statilius, der Maler, dort entdeckt hat. Wenn wir nur irgendwie in die Villa gelangen könnten."

Er wollte gerade ein neues Nusstürmchen aufrichten, als er Schritte vom Säulengang herkommen hörte. Es war Apion.

„Verzeihung", verkündete er. „Der Junge vom Agrippa-Bad wartet im Atrium. Er behauptet, es sei äußerst wichtig. Soll ich ihn hereinlassen?"

Doch Rufus hatte keine Zeit, im Atrium zu warten.

Er kam gleich hinter Apion in den Garten gestürzt. Aufgeregt schwenkte er eine Wachstafel in der Hand.

„Ein Mann in den Thermen hat mir eine Nachricht für Calpurnia Felix gegeben."

„Und?", wollte Fabia wissen. „Worum geht es?"

„Keine Ahnung." Der Botenjunge zuckte mit den Schultern.

„Hast du sie denn nicht gelesen?"

Er schüttelte verlegen den Kopf. „Ich kann nur meinen Namen entziffern. Buchstabieren kann ich ihn auch", fügte er stolz hinzu. „R – U – F – U – S."

„Gib schon her!" Titus riss ihm die Tafel ungeduldig aus der Hand. „Die ist ja nicht mal versiegelt. Das bedeutet, dass es sich um nichts Besonderes handeln kann."

Er klappte die Tafel auf und las den Text langsam vor.

VEREHRTESTE CALPURNIA,
GERNE NEHME ICH DIE EINLADUNG ZU EINEM GASTMAHL AN. ICH KANN DEN HEUTIGEN ABEND KAUM ERWARTEN.
IN TIEFER BEWUNDERUNG
MARIUS JUCUNDUS.

„Eine Einladung." Fabia war enttäuscht.

„Moment mal." Rufus' Ohren glühten vor Aufregung. „Ich habe da eine Idee. Bei großen Einladungen ist immer viel los."

„Na und?" Titus musterte Rufus fragend.

„Verstehst du nicht? Dort trifft man nicht nur den Gastgeber und seine Gäste, sondern auch deren Sklaven, Leibwächter und Träger. In einer Villa am Palatin wimmelt es von Menschen."

„Stimmt!" Fabia begriff sofort, was Rufus sagen wollte. „Da servieren Sklaven köstliche Speisen, da gibt es Vorstellungen, bei denen Schausteller ihre Künste darbieten, da führen Tänzerinnen exotische Tänze vor ..."

„Ist ja schon gut", unterbrach Titus die Ausführungen seiner Schwester. „Vielleicht könntet ihr mich aufklären?"

„Was Rufus sagen will", erklärte Fabia, „ist, dass während eines Gastmahls ein oder zwei Personen mehr im Haushalt nicht auffallen."

„Genau!" Rufus klatschte begeistert in die Hände. „Du und Fabia, ihr verkleidet euch als Sklaven und schleicht euch durch den Hintereingang in die Villa."

Titus starrte den Jungen entsetzt an.

„Und wenn ihr dann erst in der Villa seid, könnt

ihr in die Bibliothek gehen und nachsehen, was dort Geheimnisvolles versteckt ist."

„Du bist ein Genie! Aber wieso kommst du nicht mit?"

„Ich glaube, es ist besser, wenn jemand vor der Villa Wache steht. Für alle Fälle ..."

„Da haben wir Onkel Primus aber ganz schön ausgetrickst", lachte Fabia, als das Trio am Abend die steile Straße, die vom Forum zum Palatin führte, entlanglief. „Wenn der wüsste, dass wir als Sklaven verkleidet durch Rom spazieren, statt selig in unseren Betten zu schlafen!"

Als sie vor der Villa der Calpurnia Felix ankamen, funkelten am Himmel bereits die ersten Sterne.

„Hier geht es ja tatsächlich zu wie auf dem Forum zur Mittagszeit", staunte Titus. Am Straßenrand standen mehrere Sänften. Ein Sklave geleitete eine elegant gekleidete Dame zum Eingangsportal. Dort, im flackernden Licht der Wandleuchter, stand ein Sklave, der die ankommenden Gäste willkommen hieß.

„Genau, wie ich vermutet habe", bemerkte Rufus grinsend. „Hier ist ganz Rom versammelt."

Die drei Detektive beobachteten stillschweigend das Treiben. Der Strom der Gäste schien nicht abzureißen. Ein junger Mann, umringt von Leibwächtern und Sklaven, die ihm mit Fackeln den Weg leuchteten, kam die Straße hoch. Er begrüßte den Türsteher und verschwand in der Villa. Danach kam noch eine verspätete Sänfte an. Dann erst wurde es ruhiger.

„Geht zum Hintereingang", wies ein Sklave mit einer Fackel in der Hand die Detektive an. „Da zeigt man euch einen Raum, in dem ihr mit den anderen Sklaven auf eure Herrschaften warten könnt."

„Der denkt, wir sind Sklaven", flüsterte Fabia aufgeregt.

„Also", raunte Rufus den Geschwistern zu. „Ich werde dort drüben an der Hausecke auf euch warten. Wenn ihr am Ende des Festes nicht aus der Villa kommt, schlage ich Alarm. Viel Glück!"

Titus und Fabia betraten die Villa. Ein Sklavenjunge führte sie in einen Raum, in dem bereits andere Sklaven auf dem Boden hockten. Fabia wollte sich dazusetzen, doch Titus zog sie am Ärmel ihrer grauen Sklaventunika zurück zur Tür.

„Wir gehen besser zu unserem Herrn", verkündete er so laut, dass es jeder hören konnte. „Er hat uns befohlen, in seiner Nähe zu bleiben." Fabia verstand sofort und schob sich dicht hinter ihrem Bruder in den Flur hinaus. Aus einem Raum am Ende des Flurs erklangen das Klappern von Geschirr und laute Stimmen. Ein köstlicher Duft von frisch angebratenen Zwiebeln stieg den Geschwistern in die Nase.

57

So unauffällig wie möglich liefen sie den Korridor, in dem Sklaven auf- und abeilten, entlang.

„Steh hier nicht so untätig herum", befahl eine strenge Stimme. „Ab mit dir ins Speisezimmer."

Ohne zu wissen, wie ihr geschah, hielt Fabia plötzlich eine riesige silberne Platte in den Händen. Verdutzt starrte sie auf die Austern, die sich vor ihr auf dem Teller türmten. Da kam ihr eine Idee.

„Besorge dir auch eine Platte", wisperte sie ihrem Bruder zu. „Vielleicht können wir ja im Speisesaal irgendetwas herausfinden."

„Gute Idee." Titus griff nach einer Schale Oliven, die ihm einer der Küchensklaven reichte, und folgte seiner Schwester.

Am Eingang des Tricliniums blieben beide staunend stehen. Hunderte von Leuchtern und Öllämpchen tauchten den Raum in ein goldenes Licht. Die Gäste lagerten auf gepolsterten Ruhebetten, die sich um niedrige Tische gruppierten. Sie plauderten vergnügt, während sie gleichzeitig von den leckeren Speisen naschten und Honigwein tranken. Es herrschte eine ausgelassene Stimmung.

„Na, komm schon, schlaf nicht ein", wies eine Sklavin Fabia zurecht. „Die Herrschaften warten auf ihre Austern."

Fabia stolperte, schaffte es jedoch gerade noch, ihre Silberplatte aufrecht zu halten. Sie stellte den Teller auf dem Tisch ab und griff langsam nach einer leeren Schale. Dabei versuchte sie, Gesprächsfetzen aufzufangen.

„Hm, diese Austern sind absolut delikat", sagte eine junge Frau, deren Haar in unzählige kleine Locken gelegt war.

„Ganz deiner Meinung", stimmte ihr Tischnachbar zu und leckte sich genussvoll die Finger. „Ich möchte wetten, dass sie vom Lucrinius-See stammen."

Da unterbrach ein lauter Trommelwirbel die sanfte Flötenmusik. „Der Schlangentanz", kündigte ein Sklave mit lauter Stimme an. Die Gäste klatschten. Ägyptische Tänzerinnen in flatternden Gewändern betraten den Raum und begannen, in grazilen Bewegungen zum Klang von Zimbeln um die Tische und Liegen zu wirbeln.

Titus, der seine Oliven ungeschickt auf einen Tisch gestellt hatte, schaute sich um.

„Mehr Wein", befahl ihm ein dicker Mann. Titus zuckte auf. Die Stimme kam ihm bekannt vor. Tatsächlich, auf dem Lager vor ihm stützte sich Quästor Marius Jucundus auf seinen Ellbogen und streckte ihm mit der anderen Hand einen leeren Becher entgegen. Titus' Gedanken rasten. Was, wenn der Mann ihn erkannte? Er, der Sohn eines Patriziers, servierte als Sklave verkleidet Speisen.

„Mach schon!", herrschte ihn der Mann an. Titus konnte am Fuße des Tisches eine Weinkaraffe sehen und füllte damit den Becher des Quästors.

„Na, das ist doch überhaupt keine Frage" fuhr der, ohne ihn eines Blickes zu würdigen, mit seiner Unterhaltung fort. „Zweifellos ist Falernerwein der beste."

Titus zog sich, so schnell er konnte, in den Korridor zurück, wo seine Schwester bereits auf ihn wartete. „Der Quästor Marius Jucundus ist unter den Gästen", flüsterte er mit erstickter Stimme.

„Und", fragte sie erschrocken, „hat er dich erkannt?"

„Nein, das ist gerade noch mal gut gegangen. Er hat mich keines Blickes gewürdigt."

Fabia atmete erleichtert auf. „Hast du sonst irgendetwas Verdächtiges bemerkt?"

„Nein." Er schüttelte den Kopf. „Und du?"

„Auch nichts. Wir wissen ja noch nicht mal, wer Calpurnia Felix ist."

„Na, das ist nicht schwer. Giton hat uns doch erzählt, dass er von der Frau eine Statue für den Speisesaal angefertigt hat. Wir brauchen nur die Figur mit den anwesenden Frauen zu vergleichen." Titus spähte vorsichtig um die Ecke ins Triclinium.

Welche der Frauen ist Calpurnia Felix?

In der Villa gefangen

„Aber wir können sie doch nicht einfach fragen, was sie mit Skorpionen zu tun hat", meinte Fabia im Korridor. „Und die Gäste zu belauschen ist reine Zeitverschwendung. Wir sollten uns lieber auf die Suche nach der Bibliothek machen."

„Ja, so schnell wie möglich", stimmte ihr Titus zu.

Vom Speisesaal her waren Gelächter und Applaus zu hören. Dann begannen die Musiker, eine Melodie zu spielen, die von einem Sänger begleitet wurde.

„Das wird aber auch Zeit", stöhnte Titus. „Eine Gesangspause zwischen den Gängen."

Fabia zog zielstrebig los. „Komm, wir müssen diesen Flur entlang."

Vor einer schweren Eichentür blieben die Geschwister stehen. „Das muss sie sein." Doch hinter der Tür lag nur ein Schlafzimmer.

Endlich hatten sie die richtige Tür gefunden.

„Hier sind wir richtig!" Staunend betrachtete Titus die unzähligen Schriftrollen und Buchschatullen, die sich in den Nischen an den Wänden stapelten. „Bei Jupiter! So viele Bücher!"

„Worauf warten wir denn noch?" Fabia begann, sorgfältig die Etiketten, die an den Rollen befestigt waren, zu studieren. „Mal sehen, ob wir etwas Verdächtiges finden können." Dann lachte sie. „Das hier ist ein Stück von Plautus. Kannst du dich noch an die witzige Komödie erinnern, die wir im Frühjahr im Marcellus-Theater gesehen haben? War das nicht köstlich, als der ..."

„Fabia", stöhnte ihr Bruder. „Wer will das jetzt wissen? Wir sind hier in geheimer Mission und nicht, um Theaterstücke zu besprechen."

„Ist ja schon gut." Sie betrachtete die anderen Etiketten. „Also: Plautus, Vergil, griechische Klassiker
wie Homer und Plato. Ovid? Von dem habe ich noch
nie gehört."

„Da gab es irgendeinen Skandal letztes Jahr. Vater
hat mir davon erzählt. Er wurde vom Kaiser ans
Schwarze Meer verbannt."

Fabia prüfte sorgfältig der Reihe nach jedes Eti-
kett. „Die Satiren von Horaz, Plan der Kanalisation
Roms, Catulls Gedichte ... Nein, da ist nichts Auffäl-
liges dabei. Eine ganz normale Bibliothek."

„Vielleicht ist ja ein Hinweis in einem der Behälter
oder sogar im Text eines Buches verborgen." Titus
rollte ein Buch mit Homers Odysee auf. Er überflog
den Text. „Nein, diese Theorie führt uns auch nicht
weiter."

„Weißt du, was?" Fabia war mit einem Mal ganz
aufgeregt. „Vielleicht sind wir ja auf der falschen
Fährte. Giton sagte, dass Statilius etwas Ungewöhn-
liches in der Bibliothek aufgefallen ist. Doch muss es
sich dabei unbedingt um Bücher handeln?"

„Natürlich, du hast Recht." Titus begann, die Wand
abzutasten. „Hat er hier nicht neue Fresken gemalt?
Vielleicht ist ihm dabei eine Geheimtür aufgefallen."

„Oder ein Geheimfach in dieser Dianastatue."

Hoffnungsvoll befühlte Fabia die kleine Bronzefigur und deren Sockel.

„Absolut nichts zu finden. Ob wir irgendetwas übersehen haben?"

„Der Fußboden! Möglicherweise öffnet sich eine Falltür, wenn man auf einen bestimmten Mosaikstein drückt."

Ein plötzlicher Luftzug ließ die Wandleuchter kurz aufflackern. Gerade noch rechtzeitig merkte Fabia, wie die schwere Eichentür in ihren Angeln quietschte und sich langsam öffnete. Sie packte ihren Bruder wortlos am Ärmel und zog ihn unter den Schreibtisch. Keinen Augenblick zu früh.

„Calpurnia übertrifft sich mal wieder selbst", sagte eine Männerstimme.

„Ja, ihre Gastmähler gelten als die besten in Rom. Wenn ich jetzt allerdings nicht eine kleine Pause einlege, bekomme ich keinen Bissen mehr runter."

„Und die Tänzerinnen. Erstklassig! Doch nun zum Geschäftlichen."

„Ja, und zwar schnell, denn obwohl ich satt bin, will ich die nächsten Gänge auf keinen Fall versäumen. Angeblich soll es Drosselragout und Schweineeuter geben. Zählen zu meinen Lieblingsgerichten. Also, zur Sache ..."

Einer der Männer lehnte sich an den Schreibtisch.

„Und das mit dem Portunustempel ist absolut sicher?", fragte er.

„Alles geregelt, das habe ich von höchster Stelle bestätigt bekommen."

Sein Freund lachte leise. „Ich sage es doch immer. Es kann nie schaden, wenn man Personen von Rang auf seiner Seite hat."

„Ja, wenn die Ware im Saturntempel gelagert würde, hätten wir keine Chance. Der Portunustempel dagegen ist ideal!"

„Die Götter sind uns wohlgesonnen! Wer hätte gedacht, dass die Kanalisation repariert werden muss. Und wie günstig, dass die Strecke zwischen dem Tempel und dem Hauptabfluss stillgelegt wurde!"

„Für die Skorpione könnte es jedenfalls nicht besser sein."

Portunustempel, Saturntempel? Titus dachte angestrengt nach. In welchem Zusammenhang wurden die beiden Tempel kürzlich erwähnt? Er rieb sich den Rücken. Wenn diese Sklaventunika doch nicht so unerträglich kratzen würde. Dann fiel es ihm plötzlich wieder ein: der Sold für Varus' Legionen!

In dem Versteck unter dem Schreibtisch war es staubig. In Fabias Nase kitzelte es wie verrückt.

„Hat Calpurnia entschieden, wann wir zuschlagen sollen?", fragte der Mann, der sich inzwischen auf den Schreibtisch gesetzt hatte.

„Vermutlich morgen Nacht. Sie wird uns später noch genaue Anweisungen geben."

Titus betrachtete die Füße, die verdächtig nahe vor seiner Nase baumelten. Der Mann kratzte sich gerade mit seinem großen Zeh an der Wade. Dabei schob er den Saum seiner Toga mit dem Fuß hoch, sodass Titus deutlich seine Fesseln sehen konnte. Direkt oberhalb des Knöchels befand sich eine winzige Tätowierung. Stumm packte Titus seine Schwester am Arm und deutete auf die Zeichnung.

„Ein Skorpion!", hätte Fabia beinahe aufgeschrien, doch sie konnte sich gerade noch zurückhalten. Stattdessen musste sie lautstark niesen.

„Was haben wir denn da? Einen Sklaven."

Eine Hand packte Titus am Ohr und zog ihn unter dem Tisch hervor.

Fabias Herz klopfte schnell und heftig. Sie kauerte sich in die Ecke des Tisches, doch die große Hand tastete weiter und packte auch sie an der Schulter.

„Noch einer! Was habt ihr denn hier in der Bibliothek zu suchen?"

„Wir sollen die Bücher abstauben", stammelte Fabia.

„Ach ja", der Mann grinste. „Und wo sind eure Wischlappen?"

Der andere Mann runzelte die Stirn. „Ich habe die beiden noch nie gesehen. Die gehören nicht zu Calpurnias Haushalt."

„Ist ja schon gut", bekannte Titus. „Wir gestehen alles."

Fabia starrte ihren Bruder mit weit aufgerissenen Augen entsetzt an.

„Wir sind die Sklaven von Petronius Flaucus", erklärte er. „Da unser Herr uns während des Gastmahls nicht benötigt, wollten wir die Wartezeit sinnvoll

verbringen. Wir haben viel von Calpurnias Bibliothek gehört und konnten dieser einmaligen Gelegen-
heit zu lesen nicht widerstehen."

„Ja", bestätigte Fabia erleichtert. „Das ist die
Wahrheit. Calpurnia hat gesagt, wir sollten uns hier
wie zu Hause fühlen."

„So, hat sie das?" Der Mann mit der Tätowierung
am Knöchel betrachtete die Detektive misstrauisch.
„Und wie, sagtest du, heißt euer Herr?"

„Petronius Flaucus", antwortete Titus selbstbe-
wusst.

„Sklaven, die sich bilden wollen?" Der andere
Mann glaubte den Geschwistern kein Wort. „Habe
ich ja noch nie gehört. Nein, ihr bleibt schön hier." Er
verstellte breitbeinig den Ausgang.

„Wer soll eigentlich dieser Petronius Flaucus sein?
Ich habe die Gästeliste mit Calpurnia zusammenge-
stellt. Ein Petronius Flaucus war da ganz bestimmt
nicht dabei. Nein." Er schüttelte den Kopf.

„Für wen arbeitet ihr?", begann der andere, der inzwischen auch misstrauisch geworden war, Titus und
Fabia auszuhorchen.

„Wir sind die Sklaven von Petronius Flaucus", bestand Titus auf seiner Geschichte. „Wir wollten nur
lesen."

„Unter dem Schreibtisch? Nein, meine Lieben. Ihr könnt uns nicht zum Narren halten."

„Kimon", befahl er dem Sklaven, der vor der Tür Wache schob. „Hilf uns, die beiden Übeltäter ruhig zu stellen. Zumindest so lange", wandte er sich an seinen Komplizen, „bis der Plan durchgeführt ist. Dann sehen wir weiter."

Wortlos packte der riesige Sklave die Detektive im Nacken, in jeder Hand einen, und zerrte sie den dunklen Korridor entlang. Am Ende des Ganges trat er mit dem Fuß eine Tür auf und stieß die beiden in eine Zelle. Die Tür fiel hinter ihnen ins Schloss. Die Geschwister hörten, dass von außen zugesperrt wurde und die Schritte der Männer im Gang verhallten.

„Na, das hast du ja toll hingekriegt", funkelte Fabia ihren Bruder wütend an. „Und was jetzt?"

Titus begutachtete ihr Gefängnis. Es handelte sich um eine kleine Kammer ohne irgendwelche Einrichtung. Durch ein schmales, vergittertes Fenster oben in der Wand fiel ein schwacher Lichtschein. Ansonsten war es stockdunkel.

„Hier kommen wir nie raus." Fabia rüttelte mutlos an der schweren Tür. Dann hockte sie sich auf den kalten Steinboden. „Ich verstehe überhaupt nichts mehr. Hast du eine Ahnung, was die Skorpione vorhaben?"

Titus berichtete ihr von der Unterhaltung zwischen dem Quästor Marius Jucundus und dem Senator Marcellus, die er zufällig im Agrippa-Bad mitgehört hatte.

„Das kann doch nicht wahr sein! Die Skorpione haben das irgendwie herausgefunden und wollen nun die Gehälter der Legionen aus dem Portunustempel rauben", flüsterte Fabia ungläubig.

Titus nickte. „Genau. Und da kommt es ihnen sehr gelegen, dass die Strecke der Kanalisation gerade stillgelegt wurde."

„Natürlich", rief Fabia. „Das war es, was Statilius in der Bibliothek entdeckt hat!"

„Was?"

„Den Plan der Kanalisation von Rom! Unter all den Gedichtrollen, Dramen, Satiren, Oden und griechischen Klassikern befand sich eine Buchrolle mit der Aufschrift ‚Plan der Kanalisation Roms'. Titus, wir müssen das unbedingt verhindern."

„Na, das steht außer Frage. Allerdings weiß ich nicht, wie Männer mit einer schweren Geldkiste durch den Kanal passen sollen. Zuerst aber müssen wir hier raus."

„Aber wie sollen wir das schaffen?", murmelte Fabia mit gepresster Stimme.

„Spätestens, wenn die letzten Gäste aufbrechen, werden auch wir befreit", beruhigte sie ihr Bruder zuversichtlich.

„Woher willst du denn das so genau wissen?"

„Sobald Rufus merkt, dass wir nicht aus der Villa kommen, wird er Alarm schlagen. Moment mal ..." Titus hielt einen Augenblick inne. „Ich habe da eine Idee."

„Und die wäre?"

„Das Fenster! Ob das wohl zur Straße hinausführt?"

„Und wennschon. Da passen wir ja sowieso nicht durch."

„Das weiß ich auch. Nein, ich frage mich, ob wir vom Fenster aus Rufus sehen können."

Fabia warf ihrem Bruder einen verwirrten Blick zu, doch dann verstand sie. „Prima Idee! Rufus kann sich in die Villa schleichen und uns befreien."

Titus versuchte, zum Fenster hinauszusehen. Aber sosehr er sich auch anstrengte, er konnte es nicht erreichen. Es war zu hoch.

„Hock dich mal hin", befahl Fabia ihrem Bruder. Vorsichtig stieg sie auf Titus Schultern. „So, und jetzt steh langsam auf."

Erst beim dritten Versuch gelang es Fabia, aus dem Fenster zu spähen.

„Und?", fragte Titus.

„Ja, dort drüben kann ich Rufus sehen."

Sie pfiff leise. Rufus reagierte nicht. „Rufus", rief sie schließlich mit gedämpfter Stimme. „Hier, auf der anderen Straßenseite. Sieh zum Fenster hoch."

Endlich hörte er sie. Vorsichtig um sich blickend überquerte er die Straße. Fabia erklärte ihm rasch die Situation. „Dieser Raum hier ist im gleichen Gang wie die Bibliothek. Die letzte Tür auf der rechten Seite."

„Beeil dich", stöhnte Titus unter ihr. „Ich kann dich nicht länger halten."

„Euer Retter kommt auf Herkulesflügeln", verkündete Rufus und verschwand in der Dunkelheit.

„Wenn die nun Rufus auch schnappen", zweifelte Fabia.

Doch kurz darauf konnte man ein leises Kratzen an der Tür vernehmen.

„Fabia, Titus?", flüsterte eine Stimme.

„Rufus, endlich! Kannst du die Tür öffnen?"

„Ja, die haben den Schlüssel stecken lassen."

In genau diesem Augenblick kam der Mond hinter einer Wolke hervor. Ein schmaler Streifen schien durch das Fenster und tauchte das Türschloss in silbernes Licht.

„Halt!", rief Titus. „Dreh den Schlüssel auf keinen Fall um. Es ist ein Sicherheitsschloss mit eingebautem Warnmechanismus. Wenn du den Schlüssel in die falsche Richtung drehst, löst du einen Gong aus." Konzentriert blickte er auf die Zahnräder. „Dreh den Schlüssel nach links. Nein, Moment mal. Ich glaube, du drehst ihn besser nach rechts."

„Was nun?", erkundigte sich Rufus ungeduldig auf der anderen Seite der Tür. „Entscheide dich, links rum oder rechts rum?"

In welche Richtung muss Rufus den Schlüssel drehen?

Überraschung im Tabularium

„Das ist ja gerade noch mal gut gegangen", seufzte Titus, als die drei Freunde das nächtliche Forum überquerten.

„Ach, du meine Güte." Fabia deutete auf den Horizont. „Schaut mal, da kann man bereits einen schmalen Streifen Tageslicht erkennen. Komm, Titus, wir müssen uns beeilen. Onkel Primus darf auf keinen Fall herausfinden, dass wir die ganze Nacht unterwegs waren."

Die drei begannen zu rennen.

„Ich muss geradeaus weiter", verkündete Rufus, als sie zu der Straße kamen, die links zum Quirinal abzweigte. „Habt ihr irgendwelche Vorschläge, wie es weitergehen soll?"

Fabia schüttelte den Kopf. „Keine Ahnung. Ich bin zu müde."

„Fabia und ich müssen nach Hause, uns umziehen und dann gleich weiter in die Schule", meinte Titus. „Wie wäre es, wenn wir uns heute Nachmittag am Forum treffen, an den Stufen des Saturntempels? Vielleicht fällt uns ja bis dahin etwas ein."

„Einverstanden." Rufus rieb sich die Augen. „Ich werde sowieso erst einmal schlafen."

„Hast du kein Mitleid mit uns?", stöhnte Titus. „Wir müssen den Vormittag mit Schreiben und Rechnen verbringen. Ich habe keine Ahnung, wie ich das überstehen soll."

Die Detektive verabschiedeten sich. Titus und Fabia hasteten zum Quirinal. Rufus schlenderte gemächlich in Richtung Subura. Plötzlich hatte er eine Idee. In der Nachbarwohnung lebte ein Kanalarbeiter mit seiner Familie. Wenn er sich beeilte, konnte er den Mann vielleicht erwischen, bevor er sich auf den Weg zur Arbeit machte. Er lief los.

Im Parterre öffnete der dicke Wirt gerade die schweren Holzläden, mit denen er nachts sein Lokal verrammelte. Rufus sprang die steile Treppe hoch, immer drei Stufen auf einmal, und kam atemlos im sechsten Stockwerk an. In diesem Augenblick trat der Nachbar aus seiner Wohnungstür.

„Guten Morgen", begrüßte Rufus ihn.

„Guten Morgen, Rufus. Du bist aber früh auf den Beinen."

„Sagen Sie, sind die Kanäle eigentlich so groß, dass Menschen hindurchkönnen?"

Der Mann nickte. „Oh ja, an manchen Stellen sind

sie sogar so groß, dass man mit einem vollen Heuwagen problemlos durchfahren könnte. Kennst du denn die Geschichte von Agrippa nicht?"

„Welche Geschichte?"

„Marcus Vipsanius Agrippa, der Erbauer des Agrippa-Bades, hat seinerzeit die Cloaca Maxima wesentlich verbessert und erweitert. Man erzählt sich, dass er in einem Boot die Kanäle entlanggerudert sein soll."

Rufus staunte. „Da könnte man doch sicher etwas durch die Kanalisation rauben, oder? Wie den Staatsschatz aus dem Saturntempel beispielsweise?"

„Na, da mach dir mal keine Sorgen. Die Staatsgelder sind im Saturntempel absolut sicher. Da kommt niemand ran. Der Saturntempel ist auch nicht mit der Kanalisation verbunden."

„Und der Portunustempel? Was, wenn große Summen staatlicher Gelder im Portunustempel gelagert würden?"

„Im Portunustempel am Viehmarkt?" Der Mann lachte schallend. „Das ist ein guter Witz. Staatliche Gelder im Portunustempel!" Und er begann, noch immer lachend, die Treppen hinabzusteigen.

Rufus blieb ihm dicht auf den Fersen. „Kann man irgendwo herausfinden, wie der Portunustempel mit der Kanalisation verbunden ist?"

„Wer das wissen will, könnte im Tabularium, dem Statsarchiv am Forum, nachschauen. Dort gibt es bestimmt einen Plan der Kanalisation. Aber da hat ein Junge aus der Subura nicht die geringste Chance. So, jetzt muss ich aber los." Mit großen Schritten eilte er davon.

Stunden später saß Rufus ausgeschlafen auf den Marmorstufen des Saturntempels und wartete auf die Geschwister. Links am Hang des Capitols, hinter dem Concordiatempel, konnte er die Rundbögen des

Staatsarchives sehen. Ungeduldig stand er auf und lief auf und ab. Er wollte seinen Freunden endlich berichten, was er in Erfahrung gebracht hatte. Sein Blick wanderte über das Forum, auf dem heute noch mehr Betrieb als gewöhnlich war.

„Rufus!", rief da eine helle Mädchenstimme.

„Na endlich! Ich dachte schon, ihr habt unser Treffen vergessen. Und wo habt ihr Corax gelassen?"

„Stell dir vor, wir haben es geschafft, ihn abzuhängen. Deshalb hat es ja auch etwas länger gedauert. Wir ..."

Doch Rufus unterbrach sie ungeduldig. „Während ihr brav euer ABC gelernt habt, habe ich auch nicht untätig herumgesessen."

„Und, was hast du getan?" Titus grinste. „Hast du den Skorpionen eine Falle gestellt?"

„Nein, aber ich habe mehr über die Kanalisation herausgefunden", erklärte Rufus stolz. „Und ich weiß, wo es einen Plan davon gibt."

„Das wissen wir auch", erwiderte Fabia. „In der Villa der Calpurnia. Doch da bringst du mich ganz bestimmt nicht mehr rein."

„Nein, im Tabularium."

„Im Tabularium? Das ist ja gleich hier nebenan. Da müssen wir nur die Stufen hinter der Rostra hoch." Titus wollte schon in Richtung Staatsarchiv loslaufen.

„Halt!", rief ihn Rufus kopfschüttelnd zurück. „Anscheinend ist es nicht so einfach reinzukommen."

„Na, das wollen wir doch erst mal sehen. Immerhin bin ich Sohn eines bekannten Patriziers."

„Wie wäre es", überlegte Fabia, „wenn wir ein Schreiben von Vater vorzeigen? Es könnte bestätigen, dass wir für ihn etwas nachschauen sollen."

„Bist du übergeschnappt? Vater ist meilenweit entfernt auf dem Land. Wie sollen wir da von ihm so schnell ein Schreiben bekommen?"

„Na, ganz einfach." Fabia grinste und zog ihre Schultafel und einen Stilus aus einer Falte ihrer Stola hervor. In ihrer sorgfältigsten Handschrift schrieb sie:

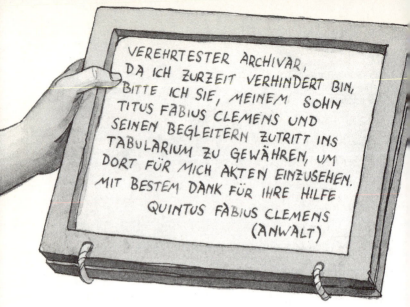

Titus sah seine Schwester verblüfft an. „Und wenn Vater dahinter kommt?"

„Wie soll das geschehen? Der ist doch in Bovilae."

„Na, dann los." Die drei stürmten zum Staatsarchiv.

Vor dem Eingangstor stand ein Soldat in glänzender Rüstung mit einem Speer in der Hand.

„Halt!", gebot er den Detektiven. „Hier dürft ihr nicht weiter."

„Mein Vater ist Quintus Fabius Clemens. Er hat uns den Auftrag gegeben, etwas für ihn im Archiv ausfindig zu machen."

„Warum kommt er nicht selbst?", erkundigte sich der Soldat.

„Weil er auf dem Lande weilt."

„Wieso schickt er keinen Erwachsenen vorbei?"

„Keiner unserer Sklaven kann lesen. Deswegen hat er uns hergeschickt."

„Könnt ihr mir das beweisen?"

„Ja." Fabia streckte ihm ihre Wachstafel entgegen.

Der Mann überflog den Text. „Gut. Geht zur Anmeldung. Da bringt ihr vor, welche Dokumente ihr einsehen wollt, und man wird euch weitere Anweisungen geben."

„Es hat geklappt!", flüsterte sie den anderen beiden aufgeregt zu, als sie am Wächter vorbei in die weitläufige Halle spazierten. „Wir sind im Tabularium."

Die Schritte der drei hallten auf dem Marmorfußboden, als sie sich der Anmeldung näherten.

„Sieht fast so aus, als seien wir nicht die Einzigen, die heute Akten einsehen wollen", stellte Rufus fest. Andere Bürger und ihre Sklaven saßen auf Hockern oder standen im Raum herum und warteten. Manche unterhielten sich leise. Staunende Blicke waren auf das Trio gerichtet. Es war nichts Alltägliches, dass Kinder ins Archiv kamen.

An einer Wand des Raumes stand ein Schreibtisch, hinter dem ein Sekretär saß. Er sprach gerade mit ei-

nem Mann von Senatorenrang. Eifrig kritzelte er etwas mit Feder und Tinte auf eine Papyrusrolle und stellte dem Senator weitere Fragen. Danach geleitete der Sekretär ihn zu einem Durchgang auf der anderen Seite des Wartezimmers. Zurück am Schreibtisch rief er mit lauter Stimme: „Der Nächste bitte." Ein jüngerer Mann, der von einem Sklaven begleitet wurde, ging auf ihn zu.

„Das dauert ja ewig, bis wir an der Reihe sind", maulte Rufus ungeduldig, während er die Wartenden begutachtete.

Plötzlich riss Fabia ihre Augen vor Schreck weit auf. Sie schnappte nach Luft.

„Geht es dir nicht gut?", fragte Titus besorgt.

Fabia nickte stumm. „Schnell raus hier." Sie zog die beiden Jungen am Arm und eilte auf den Ausgang zu.

 Was ist Fabia aufgefallen?

Überall Skorpione

„Der Sekretär im Tabularium ein Skorpion?" Titus konnte es nicht fassen.

„Ja, ich habe die Tätowierung an seinem Knöchel ganz deutlich gesehen."

„Wetten, dass Calpurnia auch so ein Tierchen auf ihrem Körper tätowiert hat?"

„Und wenn diese Tätowierung doch nichts mit unseren Skorpionen zu tun hat?" Titus war sich nicht so sicher.

„Denk doch mal nach: das Muster auf der Sänfte, der Mann in der Bibliothek und der Sekretär im Archiv. Erklärt das nicht einiges?"

„Genau", stimmte ihr Rufus zu. „Und jetzt wissen wir auch, wie der Plan der Kanalisation Roms in Calpurnias Bibliothek kam. Der Sekretär hat ihn entweder geklaut oder davon eine Kopie gemacht."

„Und was nun?"

„Ich schlage vor, wir gehen zum Quästor Marius Jucundus. Da er für die Gehälter der Legionen verantwortlich ist, hat er sicherlich auch Mittel, um den Raub zu verhindern."

Wieder am Forum angelangt, versuchte das Trio, sich durchs Gedränge zu kämpfen.

„Was ist eigentlich heute hier los?"

„Ich verstehe das auch nicht." Rufus schaute sich verwundert um. „Irgendetwas scheint passiert zu sein."

„Mein Aulus", rief da eine Frau mit tränenerstickter Stimme. „Bringt mir meinen Aulus zurück!" Sie raufte sich die Haare und lief laut schluchzend weiter. Eine andere Frau und ihre beiden Kinder heulten laut auf. An der Rednertribüne hatte sich ein riesiger Menschenauflauf versammelt. Bürger, Soldaten, Sklaven – alle schrien aufgeregt durcheinander.

„Was ist geschehen?", wollte Fabia von einer alten Frau wissen, die sich neben ihr, auf einem Stock gestützt, durch die Menschenmenge drängte.

„Was, ihr habt die Schreckensnachricht noch nicht gehört?" Die Frau blickte die Detektive erstaunt an.

Fabia schüttelte den Kopf.

„Die grauenhafte Tat! Was für ein Schlag für Kaiser Augustus, welch Unglück für unser Reich. Unsere Legionen in Germanien", seufzte sie und wischte sich Tränen aus den Augen. „Drei Legionen wurden von den Barbaren vernichtet."

„Drei Legionen?" Titus glaubte der Frau kein Wort. „Das ist doch gar nicht möglich."

„Doch, mein Junge, drei Legionen. Der Anführer der Barbaren, ein gewisser Arminius, hat unsere Soldaten in den Hinterhalt gelockt und sie dort alle niedergemetzelt. Feldherr Varus selbst, so geht das Gerücht um, soll sich das Leben genommen haben."

Die Detektive sahen sich erschrocken an.

„Sind das nicht die Legionen, für die das Geld vorgesehen ist?", fragte Rufus.

„Ja, die, zu denen auch Onkel Primus gehört."

„Ich denke, der ist hier in Rom?"

„Ist er, ja. Auf Heimaturlaub. Stellt euch nur vor, welch ein Glück, dass er sich sein Bein gebrochen hat

90

und dass sie ihn nach Hause geschickt haben. Ansonsten ..." Fabia wollte den Gedanken nicht weiterspinnen.

In diesem Augenblick spürte sie, wie sie eine mächtige Hand an der Schulter packte.

„Habe ich euch endlich erwischt." Corax musterte die Kinder mit grimmigem Blick. „Höchste Zeit, nach Hause zu gehen."

„Natürlich, liebster Corax", schmeichelte Fabia, wobei sie all ihren Charme einsetzte. „Vorher müssen wir jedoch unbedingt bei der Villa des Quästors vorbeischauen. Wir müssen den Mann warnen."

„Na gut", seufzte der gutmütige Riese schließlich. „Aber wir beeilen uns besser, denn es wird bald dunkel. Auch wenn ich eine Laterne dabeihabe, sollten wir vor Einbruch der Dunkelheit zu Hause sein."

Wenig später stieg die kleine Gruppe die Stufen zum Eingangsportal der Quästorenvilla hinauf. An beiden Flügeln des Tores waren bronzene Löwenköpfe angebracht, die je einen Klopfring im Maul hielten. Das Klopfen hallte dumpf im Haus wider.

Kurz darauf hörten die vier schlurfende Schritte, ein Riegel wurde zurückgeschoben, und die Tür öffnete sich einen Spaltbreit.

91

„Ja?", gähnte ihnen ein Mann mit schläfrigem Gesicht entgegen.

„Wir wollen bitte den Quästor Marius Jucundus sprechen", erklärte Fabia dem Türsteher.

„Der ist nicht zu Hause."

„Ist es möglich, hier auf ihn zu warten?"

Der Mann musterte die Kinder und den Sklaven argwöhnisch.

„Es ist wirklich sehr wichtig", bekräftigte Fabia.

„Nun gut. Er müsste sowieso bald zurückkommen. Ihr könnt im Atrium warten."

„Na, hoffentlich dauert es nicht allzu lange", murmelte Titus ungeduldig, nachdem der Türsteher die vier im Atrium zurückgelassen hatte.

„Der Quästor wird ganz schön Augen machen, wenn er hört, dass seine verehrteste Calpurnia einer Verbrecherbande vorsteht." Rufus grinste.

In diesem Augenblick betrat der Quästor mit seinem Gefolge den Raum. Überrascht betrachtete er die unerwarteten Gäste.

„Was verschafft mir die Ehre?", erkundigte er sich. Dann runzelte er die Stirn. „Kenne ich euch irgendwoher?"

„Ich bin Titus Fabius Clemens", antwortete Titus schnell. „Wir haben uns kürzlich im Bad kennen gelernt."

„Ach ja, ich erinnere mich. Und du bist der Boten-junge vom Bad, nicht wahr?"

Rufus nickte.

„Und ich bin Fabia, die Tochter von Quintus Fa-bius Clemens. Könnten wir Sie bitte allein sprechen? Es handelt sich um eine äußerst wichtige Angelegen-heit."

„Wichtig?" Der Quästor lächelte spöttisch und wies mit einer Handbewegung seine Sklaven an, das Atrium zu verlassen. „Fasst euch kurz, denn ich habe heute Abend noch einiges vor."

„Also, alles fing vor sechs Tagen an, als eine Bot-schaft für unseren Vater ankam. Da er gerade in Bo-vilae ist ..." Titus berichtete ihr Abenteuer in allen Einzelheiten. Als er mit seinen Ausführungen fertig war, begann der Quästor schallend zu lachen.

„Ihr wollt mir wohl einen Bären aufbinden. Cal-purnia, die Anführerin einer Verbrecherbande. Cal-purnia Felix ist die Witwe von Spurius Julius Naso und stammt aus einer der geachtetsten Familien Roms." Er betrachtete die Detektive eingehend.

„Und eure Eltern sind verreist?", fragte er.

Titus nickte.

„Aber ihr habt doch bestimmt Sklaven zu eurem Schutz bei euch."

„Ja, natürlich, und Onkel Primus ist auch da."

„Onkel Primus?"

„Vaters Bruder. Er wohnt zurzeit bei uns, da er ein Bein gebrochen hat", gab Titus bereitwillig Auskunft.

Der Quästor lächelte. „Ich erinnere mich – der Onkel aus Germanien, nicht wahr?" Dann wurde er ernst.

„Ich schlage vor, dass ihr euch auf den Heimweg macht. Es ist fast dunkel, und man kann nie wissen, welche Gefahren in den Straßen nachts auf wehrlose Kinder lauern."

Fabia wollte etwas einwenden, doch Rufus kam ihr zuvor.

„Es ist wirklich besser, wenn wir jetzt aufbrechen", sagte er leise und drängte die Freunde in Richtung Korridor.

„Also, Rufus", meinte Titus vorwurfsvoll, sobald sie draußen vor der Villa standen. „Wieso hattest du es auf einmal so eilig?"

„Habt ihr denn nicht gesehen, wie der Quästor immer wieder versucht hat, einen Zipfel seiner Toga über sein Handgelenk zu drapieren?"

„Na und?"

„Der Quästor hat eine Tätowierung am Handgelenk: einen kleinen Skorpion. Als die Toga verrutscht ist, konnte ich es deutlich erkennen."

Die Geschwister starrten Rufus fassungslos an.

„Der Quästor ein Skorpion?", wunderte sich Titus. „Als Nächstes sagst du, Kaiser Augustus gehört auch zu der Bande."

Ein plötzliches Geräusch ließ ihn innehalten. Er blickte sich um. Im Dämmerlicht konnte er sehen, wie ein Sklave die Villa verließ. Hatte der Quästor ihn geschickt, um die Detektive zu verfolgen? Dann sah Titus die Wachstafel in der Hand des Sklaven, und er wusste, was zu tun war: Er stellte dem vorübereilenden Sklaven ein Bein. Der Sklave stolperte, und die Tafel landete auf dem Boden.

Blitzschnell hob Titus sie auf, steckte sie in eine Falte seiner Toga, zog seine Schultafel hervor und reichte diese höflich dem Sklaven. Der bedankte sich und rannte, ohne etwas zu merken, weiter.

„Und du hast ihm tatsächlich deine Schultafel gegeben?", lachte Fabia, als Titus im Schutz der nächsten Straßenecke die Wachstafel des Boten triumphierend hochhielt. „Wer auch immer der Empfänger ist, dem werden deine Schreibübungen sicher ein großes Rätsel bleiben."

„Genau wie dieser Text hier", meinte Titus. „Der ist mir auch ein Rätsel. Corax, könntest du bitte deine Laterne über die Tafel halten?"

Wie lautet die Nachricht?

DIE SKORPIONE SCHLAGEN ZU

„Wir müssen Onkel Primus einweihen, und der kann dann seinen Sklaven zur Polizeiwache schicken."

„Einverstanden." Rufus nickte. „Unter einer Bedingung: Ich komme mit euch. Drei sind überzeugender als zwei."

Wenig später kamen sie in der Villa am Quirinal an. Apion öffnete die Tür. Er wollte den Kindern etwas mitteilen, doch sie stürzten an ihm vorbei.

„Aber", stotterte der Türsteher, „Der verehrte ..." Doch er kam nicht dazu, seinen Satz zu beenden.

„Bei den Göttern!", donnerte die laute Stimme von Quintus Fabius Clemens aus dem Atrium. „Könnt ihr mir erklären, was ihr um diese Zeit allein in der Stadt zu suchen habt?"

„Vater", krächzte Titus heiser. „Wieso bist du schon zurück?"

„Hier stelle ich die Fragen. Und wer ist dieser Straßenjunge, den ihr mit in unsere Villa geschleppt habt?" Er deutete auf Rufus, der, so unscheinbar wie möglich, rückwärts auf die Tür zuging. „Halt, junger

Mann. Nicht so schnell", befahl der Vater. Rufus blieb gehorsam stehen.

"Vater", begann Fabia zu erklären. "Wir haben eine Verbrecherbande ausfindig gemacht. Die wollen ..."

"Schweig! Ihr geht sofort auf eure Zimmer."

„Aber, Fabius", wandte Petronia zaghaft ein. „Lass die Kinder doch erklären. Vielleicht haben sie ja einen guten Grund für ihr Zuspätkommen."

„Was auch immer sie ausgeheckt haben, es interessiert mich nicht. Die Kinder haben eine Regel gebrochen und müssen dafür bestraft werden."

„Vater, bitte", flehte Fabia. „Die Gehälter der Legionen stehen auf dem Spiel."

„Herr Fabius Clemens, so glauben Sie uns doch bitte", fiel Rufus ihr ins Wort. „Es ist die Wahrheit."

Aber der Vater blieb hart. „Ab in eure Zimmer."

„Herr, wenn Sie mir gestatten würden zu erklären", kam Corax' Stimme aus dem Hintergrund.

„Mit dir, lieber Corax, habe ich später noch ein Hühnchen zu rupfen. In die Sklavenkammer!"

„Hör ihnen doch wenigstens zu", bat die Mutter. „In ihre Zimmer kannst du sie dann immer noch schicken."

„Nun gut", gab der Vater schließlich nach. „Aber fasst euch kurz."

„Also", begann Fabia. „Einen Tag nach eurer Abreise kam eine Botschaft für dich an. Da wir vermuteten, dass sie äußerst wichtig sein könnte, haben wir das Siegel gebrochen."

„Ihr habt was?", rief der Vater.

„Das Siegel gebrochen." Fabia wagte nicht, ihrem Vater in die Augen zu sehen.

„Das ist ja unerhört!"

„Lass sie weitererzählen." Petronia legte ihrem Mann beruhigend die Hand auf den Arm.

Fabia fuhr fort. Sie berichtete von der Verabredung am Brunnen, zu der sie zu spät kamen, und von Giton in der Subura.

Die Mutter fächelte sich mit ihrem Fächer aufgeregt Luft zu. Das Gesicht des Vaters wurde immer röter. Als Fabia erzählte, wie sie und Titus sich als Sklaven verkleidet in das Haus der Calpurnia geschmuggelt hatten, konnte er nicht mehr an sich halten.

„Schweig!", brüllte er so laut, dass den Detektiven die Haare zu Berge standen. „Ich will kein Wort mehr von diesen Lügenmärchen hören."

„Vater", fiel ihm Titus ins Wort. „Es ist wirklich alles wahr."

„Ja", bestätigte Rufus. „Die Skorpione schlagen heute Nacht zu."

In diesem Augenblick kam Apion mit einer Holzschatulle in der Hand in das Atrium geschlurft. „Ein Geschenk für die jungen Herrschaften."

„Ein Geschenk?" Fabias düsterer Blick hellte sich

auf. Sie wollte nach der Schachtel greifen, doch der Vater kam ihr zuvor.

„Halt, junges Fräulein", sagte er und öffnete den Deckel der Schatulle. Etwas plumpste zu Boden. Danach geschah alles ganz schnell. Die Mutter schrie. Der Vater fluchte. Fabia klammerte sich an ihren Bruder. Plotia, die Sklavin, kletterte auf einen Hocker und brach in hysterische Schreikrämpfe aus.

Auf dem Boden lief ein riesiger Skorpion blitzschnell hin und her. Seinen Schwanz mit dem giftigen Stachel hatte er kampfbereit erhoben.

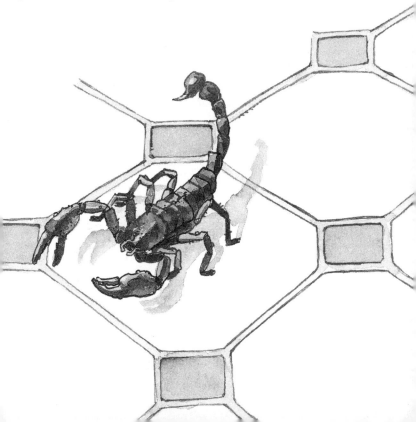

„So tu doch was, Fabius", kreischte Petronia mit schriller Stimme.

„Die Vase", kam Onkel Primus' ruhige Stimme vom Tablinum her. Er stand, auf Krücken gestützt, im Türrahmen und schien der Einzige zu sein, der Ruhe bewahrte. „Ja, Corax, die Vase dort ist perfekt. Und jetzt stülpe sie schnell über das Tier."

Der erste Versuch klappte nicht, und der Skorpion schien nur noch wilder auf dem Boden hin und her zu rasen. Doch dann gelang es Corax endlich, ihn mit der Vase zu fangen. Alle atmeten erleichtert auf. Fabia lief durch das Atrium und fiel Onkel Primus um den Hals.

„Vorsicht, meine Kleine", lachte er und konnte sich gerade noch halten. „Was ich allerdings schon gerne wissen würde, ist, wieso du plötzlich so ein reges Interesse für Skorpione hegst und warum kurz darauf ein afrikanischer Riesenskorpion hier in der Villa auftaucht. Ein höchst merkwürdiger Zufall. Meinst du nicht auch?"

„Genau das versuchen wir gerade Vater zu erklären, doch der glaubt uns kein Wort." Geduldig berichtete sie nochmals das ganze Abenteuer von Anfang an.

Da sah Titus einen Zettel auf dem Boden liegen,

der wohl zusammen mit dem Skorpion aus der Holzkiste gefallen war. In der Aufregung hatte ihn niemand bemerkt. Er hob ihn auf, überflog die Nachricht und reichte sie wortlos dem Vater.

„Lasst das Schnüffeln sein. Skorpione können töten!", las der Vater laut vor, und sein Gesicht wurde ernst. „Corax, du gehst mit mir zur Wache, um die Ädilen zu alarmieren. Calpurnia Felix und ihre Komplizen müssen schnellstens verhaftet werden. Um ganz sicherzugehen, sollten wir gleichzeitig die kaiserliche Garde informieren, damit sie bewaffnete Truppen zum Forum Boarium schicken. Der Kloakenausgang dort muss sofort polizeilich überwacht werden. Der Kaiser hat schon seine Legionen in Germanien verloren, da dürfen wir auf keinen Fall auch noch den Verlust der Gehälter riskieren."

Bevor er zur Haustür hinausging, drehte er sich nochmals um. „Titus und Fabia, eure Strafe ist nicht aufgehoben. Geht in eure Zimmer, und, Plotia, sag dem Koch, dass es ab heute eine Woche lang nur Wasser und Brot für die beiden gibt." Dann fiel die Tür ins Schloss.

„Und wenn euer Vater merkt, dass ihr heimlich aus dem Haus geschlichen seid?", fragte Rufus besorgt,

als die drei Detektive kurze Zeit später Richtung Viehmarkt hasteten.

„Onkel Primus wird sich sicher für uns einsetzen", meinte Fabia. „Außerdem ist es das Risiko wert. Wir müssen doch sehen, wie die Skorpione in die Falle gehen."

Die drei rannten die breite Straße, die in einer Talsenke zwischen den Hügeln vom Forum zum Tiber hinabführte, entlang.

„Dort, das muss der Portunustempel sein." Titus deutete auf einen Bau, dessen weiße Säulen das Mondlicht reflektierten.

„Ich habe eine Idee", schlug Rufus vor und deute-

te zum Ufer des Flusses. „Die Skorpione wollen doch das Geld aus der Kloake schmuggeln. Die Kanalisation mündet genau dort unten in den Tiber. Wie wäre es, wenn wir da auf die Verbrecher und die kaiserliche Garde warten?"

„Ausgezeichnete Idee!"

Kurz darauf kauerten die Detektive im Schatten der Marmorstufen, die zum Ufer führten. Von hier bot sich ein hervorragender Blick auf den Pier und den Ausgang der Kloake.

„Und was ist, wenn die Polizei Vater und Corax doch nicht glaubt?", zweifelte Fabia.

„Psst!" Titus deutete auf den Pier.

Aus der Kloake tauchte ein kleines Boot auf, das auf einen Lastkahn zuruderte. Im selben Augenblick stürzten Männer aus den Arkaden der Lagerhalle neben dem Pier hervor. Sie waren bewaffnet, ihre Dolche blitzten im Mondlicht. Die Männer im kleinen Ruderboot steuerten eilig auf die Flussmitte zu. Da löste sich eine Barke vom Ufer und schoss blitzartig auf das kleine Boot zu. Es dauerte nicht lange, und die Verbrecher waren überwältigt und die Truhe mit den Gehältern sichergestellt.

„Und hiermit ist der Fall ‚Skorpion' abgeschlossen", stellte Titus auf dem Heimweg stolz fest. „Ohne uns hätte der Kaiser nicht nur seine Legionen, sondern auch noch deren Gehälter verloren."

„Wenn ihr mich fragt", flüsterte Fabia geheimnisvoll, „ist das noch nicht das Ende der Geschichte. Zwar sitzt die Anführerin der Bande hinter Gittern, doch wer weiß, wie viele Skorpione sich noch frei in Rom herumtreiben."

„Gut möglich", grinste Rufus. „An eurer Stelle würde ich mich allerdings sputen. Sonst wird es euch nicht besser als Calpurnia ergehen: Zimmerarrest mit Wasser und Brot, nicht nur für eine, sondern für viele Wochen."

Lösungen

Eine geheimnisvolle Nachricht
AEUSSERSTE ALARMSTUFE – HABE WICHTIGE NACHRICHT – WENN SIE MEHR WISSEN WOLLEN, DANN KOMMEN SIE MORGEN ZUR 6. TAGESSTUNDE AN DEN BRUNNEN IN DER STRASSE DER SCHUSTER – HUETEN SIE SICH VOR SKORPIONEN.

Die Straße der Schuster
Giton, der Steinmetz, der im Mietshaus des Antonius lebt, weiß mehr über Skorpione.

Auf heißer Spur
Nur der Bote kann wissen, dass Titus' Vater Quintus Flavius Clemens ist.

Gefährliches Pflaster

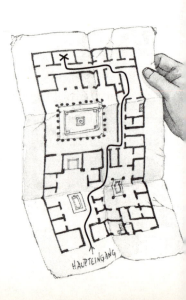

Rufus hat eine Idee
Calpurnia Felix liegt auf der mittleren Liege und hält einen Becher in beiden Händen.

In der Villa gefangen
Rufus muss den Schlüssel nach rechts drehen.

Überraschung im Tabularium
Der Sekretär im Tabularium hat einen tätowierten Skorpion am Knöchel.

Überall Skorpione
Die Wortabstände wurden verschoben:
Verehrteste Calpurnia, Rotznasen sind hinter unseren Plan gekommen. Können jedoch nichts gegen uns ausrichten. Werde ihnen eine Lektion erteilen, die sie nicht so schnell vergessen werden. Skorpione schlagen trotzdem wie geplant zur fünften Stunde der Nacht zu. Dein Marius

Glossar

Ädil: römischer Staatsbeamter, der für die öffentliche Ordnung zu sorgen hatte

Agrippa M. Vipsanius (63–12 v. Chr.): römischer Feldherr

Argiletum: Straße in Rom, die vom Forum Romanum abzweigte

Arminius (18 v. Chr.–19 n. Chr.): germanischer Fürst, der im Dienste der Römer stand

Ass: römische Kupfermünze

Atrium: Innenhof einer römischen Villa, in dessen Mitte sich ein Wasserbecken befand

Augustus (63 v. Chr.–14 n. Chr.): römischer Kaiser, dessen bürgerlicher Name Gaius Octavianus lautete. Seine Regierungszeit (27 v. Chr.–14 n. Chr.) gilt als die Blüte des römischen Kaiserreiches. Rom verdankt ihm zahlreiche Kulturdenkmäler. Man sagt, Augustus habe eine Stadt aus Backsteinen vorgefunden und eine Stadt aus Marmor hinterlassen.

Buchrolle: römisches Buch, das aus einem langen Papierstreifen bestand, der um einen Stab aufgerollt wurde

Caldarium: Heißluftraum in den römischen Thermen. Hier reinigten die Badegäste sich mit Öl und Strigil.

Catull (um 84 v. Chr.–um 54 n. Chr.): römischer Dichter, für seine Liebeslieder und satirischen Verse bekannt

Cloaca Maxima: Kanalisation der Stadt Rom

Falernerwein: beliebte römische Weinsorte

Forum: Marktplatz. Hier wurden Geschäfte abgeschlossen, Politik gemacht, gehandelt, letzte Nachrichten ausgetauscht. In Rom gab es mehrere solcher Foren.

Forum Boarium: Viehmarkt in Rom

Forum Romanum: das älteste und wichtigste Forum Roms, auf dem sich das politische und religiöse Leben der Stadt abspielte

Gladiator: Schwertfechter, der im Amphitheater zum Zweikampf antrat

Homer (ca. 8. Jahrhundert v. Chr.): griechischer Dichter, der die Ilias und die Odysee verfasste, beides Werke, die für die Römer Klassiker waren

Horaz (65 v. Chr.–8 v. Chr.): römischer Dichter, für seine Oden und Satiren bekannt

Insula: bis zu sechs Stockwerke hohe Häuser, in denen die Mehrzahl der Bevölkerung Roms lebte. Im Parterre öffneten sich meist Läden zur Straße hin. Je höher eine Wohnung lag, umso niedriger war die Miete. In Rom gab es mehr als 40 000 solcher Wohnblöcke.

Jupitertempel: einer der ältesten Tempel Roms, liegt auf dem Capitol

Jupiter: der höchste römische Gott

Legion: Truppeneinheit des römischen Heeres

Ovid (43 v. Chr.–17 n. Chr.): bekannt für seine Liebesgedichte und Metamorphosen

Palatin: einer der sieben Hügel Roms. Auf dem Palatin befindet sich u. a. der Kaiserpalast.

Palla: faltenreicher Umhang, den römische Frauen über ihrer Stola trugen. Oft zogen sie einen Zipfel davon wie ein Tuch über den Kopf.

Papyrus: Papier, das aus dem Mark der Papyrusstaude hergestellt wurde. Es stammte aus Ägypten.

Patrizier: reiche Bürger der Oberschicht, die Adelsfamilien entstammten

Peristyl: überdachter Säulengang einer römischen Villa, der einen Garten einschließt

Plato (427 v. Chr.–347 v. Chr.): griechischer Philosoph, dessen Werke besonders beliebt waren

Plautus (ca. 250 v. Chr.–184 v. Chr.): römischer Dichter, der für seine Komödien bekannt ist

Plebejer: Masse der freien römischen Bürger

Quästor: Hilfsbeamter des Konsul. Quästoren verwalteten u. a. die Staatskasse. Oft mussten sie Streitfälle schlichten.

Quirinal: einer der sieben Hügel Roms

Römisches Weltreich: Herrschaftsgebiet der Römer, welches sich zur Zeit des Kaiser Augustus von Afrika bis Nordengland, von Spanien bis nach Persien erstreckte.

Rostra: Rednertribüne auf dem Forum Romanum

Sänfte: ein Sessel, der von Sklaven getragen wird

Senator: adeliger Patrizier, der Mitglied des römischen Senats war

Sesterz: römische Messingmünze

Sklaven: unfreie Menschen, die wie jedes andere Eigentum ge- und verkauft werden konnten. Sklaven verrichteten alle Arbeiten im Haushalt eines reichen Römers.

Stilus: Griffel aus Holz, Bronze, Knochen oder Elfenbein, mit dem man Buchstaben in eine Wachstafel ritzte

Stola: hemdartige Kleidung der Frauen mit halblangen Ärmeln, die in der Taille gegürtet wurde

Strigil: sichelförmiges Instrument aus Bronze zum Reinigen des Körpers. Nachdem man die Haut eingeölt hatte, kratzte man damit Öl und Schmutz ab.

Subura: Stadtteil Roms, in dem die ärmeren Römer wohnten

Tabularium: Staatsarchiv am Fuße des Capitols

Taverne: römisches Wirtshaus

Tepidarium: lauwarmer Raum im römischen Bad

Thermen: öffentliche römische Bäder

Toga: lange Stoffbahnen, die Männer über ihre Tunika um den Körper schlangen

Triclinium: Speisezimmer in einer römischen Villa

Tunika: knie- oder knöchellanges Hemd, das Männer, Kinder und Sklaven trugen. Bürger und reiche Jungen warfen zum Ausgehen und zu feierlichen Anlässen eine Toga über die Tunika.

Varus P. Quintilius: römischer Feldherr, der den römischen Truppen in Germanien vorstand

Vergil (70 v. Chr–19 v. Chr.): einer der größten Dichter Roms. Sein Hauptwerk, die Aeneis, galt für römische Schulkinder als Pflichtlektüre.

Via Appia: Straße, die von Rom in den Süden führte

Villa: Haus eines reichen Römers

Wachstafel: Holztafel, die mit einer dünnen Wachsschicht überzogen war. Mit einem Stilus kratzte man Buchstaben ins Wachs.

ZEITTAFEL

63 v. Chr.	Geburt Octavians, des späteren Kaiser Augustus
44 v. Chr.	Ermordung Cäsars
43 v. Chr.	Octavian, Marcus Antonius und Marcus Lepidus bilden ein Triumvirat.
42 v. Chr.	Schlacht bei Philippi, Triumvirat besiegt römische Republik.
40 v. Chr.	Octavian und Marcus Antonius teilen sich das Römische Reich
40–31 v. Chr.	Spannungen zwischen Octavian und Marcus Antonius verstärken sich.
37 v. Chr.	Marcus Antonius heiratet Kleopatra.
33 v. Chr.	Octavian und Marcus Antonius kämpfen um Machtstellung. Marcus Agrippa ist Ädil, er repariert und erweitert die Kanalisation Roms und errichtet zahlreiche neue Bauwerke.
32 v. Chr.	Octavian erklärt Marcus Antonius und Kleopatra den Krieg.
31 v. Chr.	Octavian besiegt Marcus Antonius.
30 v. Chr.	Marcus Antonius und Kleopatra begehen Selbstmord. Octavian erklärt Ägypten zur römischen Provinz.
28 v. Chr.	Octavian renoviert 82 Tempel der Stadt Rom.

27 v. Chr.	Ende der römischen Bürgerkriege. Octavian wird zum ersten Kaiser des Römischen Reiches ernannt. Er ändert seinen Namen in Kaiser Augustus.
19 v. Chr.	erstmalige Veröffentlichung von Vergils Aeneis
15 v. Chr.	Römisches Reich dehnt sich bis zur Donau aus.
11 v. Chr.	Augustus weiht das Marcellus-Theater ein.
8 n. Chr.	Dichter Ovid wird ans Schwarze Meer verbannt.
9 n. Chr.	Varus-Schlacht (Schlacht im Teutoburger Wald)
14 n. Chr.	Kaiser Augustus stirbt, sein Nachfolger wird Kaiser Tiberius. Meuterei der römischen Legionen an Rhein und Donau.

Das Leben im römischen Kaiserreich

Öffentliche Bäder

In Rom gab es zahlreiche öffentliche Bäder, deren Besuch nicht nur der Reinlichkeit diente, sondern in erster Linie ein geselliges Vergnügen darstellte. Während man seinen Körper pflegte, schloss man Geschäfte ab, unterhielt sich, hörte Dichterlesungen zu oder trieb Sport.

Im Bad gab es verschiedene Räume. Zunächst ging man ins Dampfbad. Wenn man dort ausgiebig geschwitzt hatte, zog man weiter ins Caldarium. In diesem Heißluftraum ließ man sich von seinem Sklaven einölen und mit einem Strigil den Schmutz von der Haut abschaben. Vom heißen Caldarium ging man in einen lauwarmen Raum, dem Tepidarium, wo man seinen Körper langsam wieder abkühlte. Zum Abschluss konnte man sich im Frigidarium ins eiskalte Wasser stürzen und einige Bahnen schwimmen.

Männer und Frauen badeten meist zu verschiedenen Tageszeiten oder in nach Geschlechtern getrennten Thermen.

118

Der Besuch der öffentlichen Badeanstalten war nicht nur den Reichen vorbehalten, da der Eintritt gering war oder wie im Agrippa-Bad sogar kostenlos.

Das Schulwesen

Im Alter von 7 bis 11 Jahren besuchten Jungen und Mädchen gemeinsam die Elementarschule. Als Unterrichtsraum mietete der Lehrer dazu einen zentral gelegenen Raum. Meist war es ein Laden, der zur Straße hin offen war. In manchen Schulen wurden die Schüler sogar direkt auf dem Gehsteig unterrichtet, nur von einem Vorhang vom Treiben auf der Straße abgeschirmt. Die Klassen waren klein und bestanden aus durchschnittlich zwölf Kindern unterschiedlichen Alters. Der Unterricht dauerte, mit einer Pause zur Mittagszeit, oft bis zum späten Nachmittag. Alle acht Tage, an den Nondien, gab es einen freien Tag, und die großen Ferien dauerten von Ende Juli bis Mitte Oktober. Tische gab es keine. Die Schüler hielten ihre Tafeln auf den Knien. Manche reichen Eltern ließen die Kinder zu Hause von einem Privatlehrer unterrichten.

Im Alter von 12 bis 14 Jahren besuchten Jungen die Literaturschule. Dort lernten sie Griechisch, römische und griechische Geschichte und Mythologie, Geografie, Mathematik, Astronomie und Philosophie. Daran anschließend wurden junge Römer in der Rhetorikschule weiter ausgebildet.

Für Mädchen war es bereits nach der Elementarschule im Alter von 12 Jahren mit der Schule vorbei. Sie wurden zu Hause von ihrer Mutter auf häusliche Pflichten vorbereitet. Vor der römischen Kaiserzeit durften sie nicht einmal die Elementarschule besuchen. Bildung war damals nur den Jungen vorbehalten.

Die Schlacht am Teutoburger Wald

Zur Zeit des Kaiser Augustus hatten die Römer das Gebiet südlich der Donau und westlich des Rheins unter ihre Herrschaft gebracht. Die germanischen Stämme jenseits der Donau und des Rheins bildeten allerdings ein großes Problem, denn sie überfielen immer wieder die römischen Truppen westlich des Rheins. Den römischen Truppen gelang es schließlich, bis zur Elbe vorzudringen, und es sah fast so aus, als würde dieser Fluss zur Ostgrenze des Reiches.

Zu dieser Zeit war der römische Feldherr und Gouverneur Varus Quintilius der Oberbefehlshaber der am Rhein stationierten Legionen. Er hatte sich mit Arminius, einem germanischen Fürsten, der unter den Römern diente, befreundet. Als Nachrichten ankamen, dass in Germanien Unruhen aufgekommen seien, ließ sich Varus von Arminius überreden, mit ihm dort hinzuziehen, um die Aufstände zu schlichten. Varus und seine Legionen fühlten sich im Feindesland sicher, denn Arminius galt als Freund und Beschützer. Selbst als dieser und seine Männer im dichten Wald verschwanden, zogen die Römer ahnungslos weiter. Doch der Cheruskerfürst hatte sie in einen Hinterhalt gelockt. Es begann zu regnen, und die Römer verirrten sich im unwegsamen Gelände. Dann griffen völlig unerwartet die Cherusker an.

Drei römische Legionen wurden an diesem verhängnisvollen Tag dem Erdboden gleichgemacht. Ein schwerer Schlag für die Römer, die in den folgenden Jahren zwar noch einige kleinere Feldzüge gegen die Germanen ausführten, doch keine weiteren Versuche, um das Land jenseits der Flüsse zu erobern, unternahmen. Rhein und Donau blieben die Reichsgrenzen.

Rom zur Zeit von Kaiser Augustus

① Villa von Fabia und Titus
② Villa der Calpurnia Felix
③ Agrippa-Bad
④ Forum Boarium
⑤ Straße der Schuster
⑥ Portunus-Tempel
⑦ Mietshaus des Antonius
⑧ Schule des Scribonius
⑨ Circus Flaminius
⑩ Marcellus-Theater
⑪ Circus Maximus
⑫ Pompeius-Theater
⑬ Forum Romanum

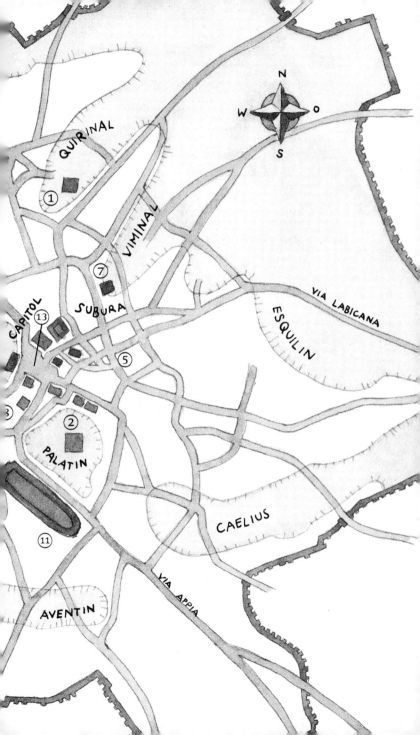

Renée Holler, Jahrgang 1956, studierte Ethnologie und arbeitete zunächst als Buchherstellerin, bevor sie auf Reisen rund um die Welt ging. Seit 1992 lebt sie mit ihrem Mann und ihren zwei Kindern in England, wo sie schreibt und übersetzt.

Daniel Sohr, Jahrgang 1973, wurde in Tübingen geboren. Aus einer Künstlerfamilie stammend, hat er schon als Kind die Stifte seiner Mutter dazu benutzt, eigene Bilder zu malen. Heute ist das Skizzenbuch sein ständiger Begleiter, damit er auch unterwegs keine seiner Ideen vergisst.

Historische Ratekrimis
Geschichte erleben und verstehen!

Zwei spannende Abenteuer aus dem Mittelalter

Zwei spannende Abenteuer aus dem alten Rom